AF357222

BRIOLLET & ARNOULD

L'Invalide
à la tête de bois

LÉGENDE FANTAISISTE EN UN ACTE
et Un Prologue

9 H. — 3 F.

Visa du 11 Aout 1903.

PARIS
G. JOUBERT, Editeur, 25, Rue d'Hauteville

Répertoire de la Société Lyrique.

Anciennes Maisons BRANDUS & JOUBERT réunies

C. JOUBERT, Successeur

ÉDITEUR DE MUSIQUE
PARIS. — 25, Rue d'Hauteville, 25. — PARIS

RÉPERTOIRE
DES OUVRAGES DE CONCERT EN UN ACTE

ABRÉVIATIONS : D. Veut dire du répertoire de la Société Dramatique, 8, rue Hippolyte Lebas. — Le surplus appartient au répertoire de la Société Lyrique, 10, rue Chaptal.

LOC. Veut dire : La musique n'est qu'en location et ne se vend pas.

Vaudevilles et Opérettes

AUTEURS	TITRES DES ŒUVRES	Hommes	Femm	Prix nets
Marsan (de)	A bas les hommes	9 ou 6	9 ou 6	loc.
Saint-Maurice	Abricot (L') d	troupe	»	loc.
D. Capistrano	Absalon	2	1	6 »
E. Fournier	Accordeur (L')	2	3	loc.
Gu llemaud	Adrien n'aime pas le Piano	3	1	loc.
Vallès-Garnier	Affaire Cœurdeveau (L')	5	1	loc.
St-Paul-G. Rose fils	Agence est au-dessus (L')	3	3	loc.
F. Bernicat	Agence Rabourdin (L')	1	1	5 »
Moreau	Ah! c'te Veine d	7	7	loc.
L. Bouvet F. Muffat	Ah! la chouett' revue	4	4	loc.
Jasy	A huitaine	troupe	»	5 »
C. Roland	Aiguilleur (L') d	1	1	loc.
S.-Paul-Rose fils	Air de la mer (L')	4	4	loc.
Bessière	A la Caserne	6	2	loc.
Lebreton-Bouvet	A la légion étrangère d	troupe	»	loc.
Ch. Esquier	Allumeur (L') d	2	1	loc.
L. Bouvet	Ami Chambardel (L')	3	1	loc.
C. Roland	Amie de pension (L')	1	3	loc.
D. Jourda	Amies de nos Amis (Les) d	2	1	loc.
De Marsan	Ami Roscanvel (L')	4	3	loc.
Besière-Ratfler	Ami Vandière (L') d	7	6	loc.
Lebreton	Amour à coups de poings (L')	2	2	loc.
Lebreton-St-Paul	Amour en dentelles (L')	2	2	oc.
G. Street	Amour en livrée (L')	3	1	5 »
Desormes	Amour et l'appétit (L')	1	1	4 »
Vallès-Garnier	Amour et sauvetage	3	2	loc.
A. Petit	Amoureux d'Yvonne (Les) d	5	3	5 »
V. Roger	Amour Quinze-Vingt (L')	3	1	4 »
Dottin, Boulay-Leyrice	Amours d'un piston (Les)	3	2	loc.
L. Bouvet	Anarchiste	3	1	loc.
M. Gribinski	Annonce (L')	3	3	loc.
Desormes	Antoine et Cléopâtre d	2	1	4 »
S.-Paul-P. Avril	Apache est de rigueur (L')	1	2	loc.
Bessier-Moreau	Aphrodites (Les) d	4	8	loc.
Dorfeuil-Moreau	Après la vie de Bohême d	troupe	»	loc.
L. Bouvet	A propos de bottes	2	»	loc.
J. Emmecé	A qui le gosse?	troupe	»	loc.
Monnery-Marien	Argot tel qu'on le parle (L)	5	3	loc.
M. Chastagne	Arracheuse de dents (L')	2	1	4 »
Marc Sonal	Arrêts de rigueur	1	1	loc.
Dottin, Roydel, Beaujardin	Artistes pour rire d	6	4	loc.
Géraldy	Ascension du Mont-Blanc (L')	1	1	4 »
L. Martin-Duhem	Auberge du Tambour battant (L')	2	2	loc.
Dulot-de Corsse	Au Chat qui pelote d	troupe	»	loc.
Banès	Au Coq huppé	3	2	5 »
D. Fabrice-des Planches	Audience est ouverte (L')	5	5	loc.
Carpentier et J. Meudret	L'Audition de Saint Glinglin	3		loc.
Uzès	Au soleil d'or d	3	2	6 »
Lebreton-Moreau	Au temps des cerises d	5	3	loc.
Guérineau	Auteur par amour	1	2	5 »
Lebreton-Moreau	Autour d'une guérite d	3	2	loc.
Henry Moreau	Avant le bal	1	1	3 »
L. Rivaux et C. Dubreuil	Avarié du Mardi-Gras (L')	3	2	loc.
Colrage, Garofalo, Combret	Baba Bouzouck d	5	6	loc.
Deransart	Baigneur et nageuse	1	1	3 »
Autigeon, Dourel-Roydel	Baigneuses de Cocotteville (Les)	5	9	loc.
A. Mouézy-Éon	Bain de pieds (Le)	1	2	loc.
Moreau	Balayeur de chez Maxim's (Le) d	7	8	loc.
Rose fils et Ryvez	Banquier malgré lui	3	3	loc.
Leserre	Barbe-Bleue	1	»	2 »
L. Moche	Baronne	2	1	loc.
Ratéu-Tranchant	Bataillon Desroches (Le) d	10	10	loc.
Autigeon-Desplau	Battage (Le) d	2	1	loc.
A. Moyne	Béguin d	2	1	loc.
Mestre-Aubry	Belle Dinde (La) d	9	11	loc.
De Marsan	Belle-mère apprivoisée (La)	4	3	loc.
Lebreton-St-Paul	Belle-mère est sans pitié (2e éd)	2	2	loc.
Wachs	Bibi ou l'Enfant de l'Amour	1	1	4 »
Bouvet-Muffat	Bigame de la Bastille (Le)	3	3	loc.
C. Roland	Bimariés	1	1	loc.
A. Lebreton, L. Mars.	Bon billet de logement (Le)	7	6	loc
F. Bouvet-F. Muffat	Bonne nuit Tardiveau!	3 ou 2	2 ou 1	loc.
E. Bessière	Bonsoir!!!	1	1	loc.
Cellier-Joullot	Boudoir discret	2	1	loc
Moreau-Gramet	Bougnol et Bougnol	4	2	loc.
Villebichot	Boum! Servez chaud	8	2	4 »
H. Moreau-Arnould	Braves gens (Les)	7	5	lo
Habans	Brelan de bègues	2	1	5 »
H. Moreau et Mauriec	Bretelles (Les)	2	1	loc.
F. Bernicat	Cadets de Gascogne (Les)	troupe		7
Banès	Cadiguette (La)	1	1	5
Saint-Paul	Cage de l'Oncle Tom (La)	3	2	loc.
Lebreton	Caïn	3	2	loc.
Javelot	Calino amoureux	2	1	3
Lebreton et Soudant	Camelots (Les)	6	5	loc.
Chevalet-Audray	Canne d'un grand homme (La) d	2	2	loc.
E. Bouchaud	Cantine Grovot (La)	5	3	loc.
Lebreton-Moreau	Ça porte bonheur	5	3	loc.
V. Herpin	Capricorne (Le)	troupe	»	loc.
F. Barbier	Carmagnole (La)	3	3	5
Lebreton-Moreau	Carnaval conjugal (Le) d	9	9	loc.
A. Berthon	Carnaval des 4 z'arts	6	2	loc.
Levavasseur	Carte de visite (La)	3	3	loc.
Autigeon-Desplau	Cascadin et Cie	6	5	loc.
O. Méténier-D Fabrice	Casque d'or	1	3	loc.
Léon Jancey	Cavalier Bourlot	2		loc.
F. Lémon	Ce cochon d'Émile	3	3	loc.
Trebla-Schwaeblé	Cendrillette ou la Culotte merveilleuse d	troupe		loc.
Chabaud, Colonge Tranchant	Ce pauvre Bobinet	2	1	loc.
De Marsan	Ce Sacré Narcisse	4	4	loc.
D. Fabrice	Ce Zidore	3	»	loc.
E. Soudant	Ces canailles de couturières! d	6	6	loc.
A. Mesnil-P. Raynonc	C'est la vie	3	2	loc.
G. Rose fils-F. Bouveret	C'est un secret de polichinelle	2	2	loc.
Chelu	Chambre à louer	1	1	2
Cuvillier	Chambre à part d	4	2	loc.
Henry Moreau	Chambre de bonne d	3	2	loc.
L. Bouvet	Chanson de Florentin (La)	3	2	loc.
V. Roger	Chanson des Écus (La)	3	1	4
P. Henrion	Chanteuse par amour (La) d	»	1	6
E. André	Chaos (Le)	1	1	loc.
Moreau-Boucherat	Chasse royale d	troupe	»	loc.
Lebreton-Moreau	Chasseurs Alpins (Les) d	6	6	loc.
Cieutat	Chaste Suzanne (La) d	troupe	»	loc.
H. Gilbert	Chaste Suzanne	2	2	loc.
Yvel	Chéri des Dames	4	2	loc.
Dourel, Roydel, E. René	Chevalier Tric-Trac (Le)	2	8	loc.
Dourel-Roydel	Chez la Costumière d	troupe	»	loc.
Meynard	Chez le dentiste	3	1	loc.
Lhuillier	Chez les Corniquet	1	»	loc.
C. Rosenquest	Chicard et Bébé	1	1	loc.
Bomier	Chien et Chat d	4	1	loc.
Boulay-Layrice	Choc en retour d	2	2	5
L. Bouvet	Cinq à sept de chez Pétrone (Les)	6	4	loc.
Moreau-Gramet	Cinq contre un	3	5	loc.
L. Bouvet-F. Muffat	Cinq sous de Lavarenne (Les) d	4	3	loc.
E. Brasseur-L.T.	Circulaire du Préfet (La)	6	2	loc.
F. de Rouvray-J. Kolb	Cire de Vergy (La) d	4	3	loc.
Villebichot	Cirque Ponger's (Le)	troupe	»	loc.
J. Lorrain-D. Fabrice	Clair de lune d	7	4	loc.
Trébla-Saint-Cyr	Claudine en vadrouille d			loc.
H. Lebreton-E. Blairat	Clef des Songes (La)	4	3	loc.
L. Bouvet	Clémence d'Auguste (La)	2	1	loc.
Bessière	Clou (Le)	2	2	loc.
L. Collin	Coco Bel-Œil	3	1	loc.
A. Petit	Cocotte et chiffonnier	4	4	loc.
L. Bouvet	Codicille (Le)	4	4	loc.
Ch. Mougel-de Marsan	Colo saute le mur (Le)	5		loc.
Villemer, Delormel, Péricaud	Colosse de Rhodes (Le)	3	»	loc.
L. Bouvet-G. Arribat	Commandant Lavertu (Le)	5	4	loc.
S.-Paul-G Rose fils	Commissaire est embêté (Le)	3	2	loc.
Boulay-Layrice	Complice (Le)	2	4	loc.
A. Petit	Confections pour dames	2	7	loc.
L. Bouvet-Schmoll	Congrès des Cocottes (Le)	5	7	loc.
G. Touze H. Barbé	Conquêtes difficiles	3	1	loc.
Lebreton-Moreau	Conscrits bretons (Les) d	7	1	loc.
L. Collin	Conscrit tyrolien (Le)	1	3	loc.
E. Brasseur	Constat d'adultère d	6	3	loc.
Habrekorn et P. Marc	Contes de Piron (Les)	5	10	loc.
Lebreton-Moreau	Contrôleur des Wagons-Bars (Le)	5	3	loc.
R. Maygrier F. Lemeuland	Coquins de Souliers	4	3	loc.
Ryvez	Cordon s'il vous plaît	3	3	loc.
L. Bouvet-F. Muffat	Cornuflot a la gale	4	4	loc.
Lebreton-Moreau	Cote et Cocottes	2	1	loc.
H. de Farcy	Coups de Canif d	2		loc.

BRIOLLET & ARNOULD

L'Invalide
à la tête de bois

LÉGENDE FANTAISISTE EN UN ACTE
et Un Prologue

9 H. — 3 F.

Visa du 11 Août 1903.

PARIS
C. JOUBERT, Editeur, 25, Rue d'Hauteville

L'INVALIDE A LA TÊTE DE BOIS

LÉGENDE FANTAISISTE EN UN ACTE ET UN PROLOGUE

De MM. BRIOLLET & ARNOULD

PERSONNAGES

PICARD, l'invalide à la tête de bois.	MM. GALAN.
LA RAMÉE, sergent de gardes françaises	VILLERS.
VILLEBREQUIN, soldat de gardes françaises	LAKEN.
BRIQUET, caporal de gardes françaises	ZARUM.
COGNEDUR, soldat de gardes françaises	MONTIGNY.
LE MAJOR.	RATCÉE.
RADAGOUM, arabe	CROIDEL.
GARDES FRANÇAISES	X...
ARABES	
ROBINETTE, cantinière	Mmes BELLECOUR.
LA SULTANE.	THAÏS.
ALMÉES	X...

PROLOGUE

LA RAMÉE

Mesdames et Messieurs... vous avez entendu
> Parler de l'Invalide
A la tête de bois, mais ne l'avez pas vu !
> Eh bien ! deux auteurs, c'est stupide —
> A court de sujet
> Ont conçu le projet
De le montrer en chair, en os, grandeur nature
> Tel qu'on se le figure...
> Rassurez-vous,
On va pas le montrer chauve comme un genou
Perclus, goutteux, gâteux, goitreux, aux airs mor-
> Comme à l'hôtel des Invalides. [bides
Non, on le montrera quand il avait vingt ans !
> Pas de corset, toutes ses dents !
Il vous semblera fou, crétin, stupide et cuistre
> Tout à fait comme un ministre.
> Qu'importe après tout
> S'il vous déride.
> — Les Messieurs surtout.
Puisque les dames n'ont jamais même un ride !
Pardonnez aux auteurs leur style d'iroquois
Car si leur Invalide est bête
Il a toujours au moins une tête de bois,
Tandis que les auteurs — dont je suis l'interprète,
> Je crois surtout
Qu'en fait de tête ils n'en ont pas du tout.

Le Théâtre représente un avant-poste des gardes françaises en Afrique vers 1760. Au fond, un ravin, à droite, premier plan, la voiture qui sert de cantine. Premier plan droite, un billot de bois servant d'étal. Paysage africain.

SCÈNE PREMIÈRE

Robinette, Briquet, Picard, Villebrequin, Cognedur, Soldats.

(Au lever du rideau, les fusils sont en faisceaux au fond. Au milieu du théâtre, les hommes sont assis en rond, qui par terre, qui sur un tambour crevé. Robinette circule gaiement au milieu d'eux et leur distribue la goutte. Picard est le seul retiré à l'écart près de la cantine et mange mélancoliquement sa gamelle.)

VILLEBREQUIN, *tendant son quart.*

Ah ! non... non... j'ai pas mon compte !

COGNEDUR, *même jeu.*

Ni moi non plus.

TOUS, *même jeu.*

Ni moi ! ni moi ! *(Robinette cherche à se dégager.)*

ROBINETTE

Vous n'êtes jamais contents.. allez vous promener.

VILLEBREQUIN

Eh bien ! ma petite Robinette, puisqu'on n'a pas son compte, on va t'embrasser. (*Picard fait un mouvement.*)

COGNEDUR

Comme ça on sera quitte !

ROBINETTE

Alors, c'est moi que je mets en plus ce qu'on vous donne en moins ?

BRIQUET, *la prenant par la taille.*

Parbleu !... Alors est-ce qu'on t'embrasse ? (*Nouveau mouvement de Picard*)

PICARD, *à part.*

Encore !... Ah ! ils me dégoûtent !

ROBINETTE

Eh bien ! allez-y. (*Tous se précipitent avec ardeur sur les joues fraîches de Robinette.*)

PICARD, *à part.*

Non... mais regardez les... regardez les ..

BRIQUET, *les arrêtant.*

Pardon... le galon d'abord... (*Il l'embrasse plusieurs fois. Les autres vont se précipiter à nouveau.*)

VILLEBREQUIN, *les arrêtant.*

Pardon.. l'élégance après ! (*Il l'embrasse. Les autres une troisième fois se précipitent vers Robinette*)

COGNEDUR, *même jeu.*

Pardon... le physique ensuite. (*Il l'embrasse*.

LES SOLDATS

Eh bien ! et nous ?

ROBINETTE

Y en aura pour tout le monde. (*On l'embrasse.*

PICARD, *exaspéré.*

Non... non... je ne veux pas voir ça... ça m'épluche le cœur !

BRIQUET

Eh bien ! Picard.. ça ne te dit rien ?... Tu nous laisses ta part alors ?

VILLEBREQUIN

Mossieur fait des yeux de veau

ROBINETTE

Allons.. allons... ne le blaguez pas. Il est idiot mais ça lui va si bien. Viens m'embrasser, Picard. (*Elle lui tend sa joue.*)

BRIQUET

Il ne saura jamais...

ROBINETTE

C'est-y vrai que tu ne sauras pas ?

PICARD, *à part.*

Je suis t'ému. (*Haut*) Oh ! que si alorss... Oh ! que si alorss. (*Il s'élance vers Robinette et pour mieux s'y prendre il crache dans ses mains. Comme il tenait sa gamelle, en faisant son mouvement, la gamelle tombe ainsi que le contenu. Il rit.*)

TOUS

Là !..

BRIQUET

Très bien... (*Il l'arrête du geste*)... Minute... ramasse d'abord le frichti... tu feras la commission après... Je prends sa part... (*Il embrasse Robinette*).

PICARD, *désolé et ramassant sa gamelle.*

Non... mais j'suis t'y navet tout de même... le suis-je t'y ?.. le suis-je t'y ?..

ROBINETTE, *à Picard.*

Tant pis pour toi, mon petit,.. je repasserai... *Elle rentre dans sa cantine*).

VILLEBREQUIN, *à Briquet.*

Je vous le dis, caporal, c'est le soleil d'Afrique qui lui aura tourné la boule.

BRIQUET

C'est vrai, depuis qu'on fait la guerre avec les Arbis, ça l'a rendu tout à fait truffé.

UN SOLDAT

Attention ! v'la l'sergent La Ramée.

BRIQUET

A vos armes !..

(*Les hommes prennent leurs fusils.*)

SCÈNE II

Les Mêmes, *plus* La Ramée.

(Picard est toujours accroupi, en train de ramasser son frichti qu'il remet dans sa gamelle. La Ramée rentre.)

Picard, *à part.*

Si !.. si !.. eh bien je la bécotterai tout de même. *(Il se relève brusquement et prend la Ramée par le bras)...* Ma chérie... ma petite chérie !..

La Ramée

Saligaud !.. Ah ! c'est Picard !.. Caporal Briquet vous flanquerez quatre jours à cet abruti pour avoir embrassé son sergent. *(A Picard)* Est-ce que tu me prends pour une nourrice..?

Picard

Non ! ma sergent, vous avez pas assez de s'estomacs pour ça !

La Ramée

Sufficit !.. Rassemblement !.. A gauche et à droite, formez le cercle !

(On exécute ses ordres.

Picard, *ronchonnant.*

Non, mais j'suis t'y navet tout de même, que je le suis-je t'y ! !.

La Ramée

Ouvrez l'œil et débouchez vos oreilles.

Picard, *à part.*

Débouchez vos oreilles !.. et moi qu'ai pas de tire-bouchon.

La Ramée

Le capitaine m'envoie aux avant-postes pour vous donner la connaissance...

Picard

Il va nous donner une connaissance ?.. Ben, il est rien chouette.

La Ramée

Encore ! Tu ne vas pas fermer ta bonbonnière.. espèce de betterave !

Picard

Je ne souffle plus... je suis néant !

La Ramée

Donc, le capitaine m'envoie vous donner lecture d'une lettre de Sa Majesté le roi Louis XV... *(Silence profond des hommes.)* de Sa Majesté, le roi Louis XV !!! Eh bien, dites donc espèce de freluquets, vous pourriez être un peu plus emballés quand je vous parle de Sa Majesté.

Picard

Ben à propos !.. comment qu'c'est qu'y va le patron ?

La Ramée

Le patron !.. Caporal Briquet, 15 jours de cellule à cet abruti pour pas avoir gueulé Vive le Roi quand les circonstances lui en faisaient un devoir...

Tous

Vive le Roi !..

Picard

Vive la classe !..

La Ramée

A la bonne heure ! Je continue...

Picard, *à part.*

Avec tout ça j'ai 15 jours de celluloïd.

La Ramée

Donc voici la lettre de Sa Majesté... *(Il déploie un long parchemin. Briquet commande : Portez armes ! Présentez armes !.. Picard qui n'a pas eu e temps de reprendre son fusil saute rapidement sur un balai et se glisse furtivement derrière ses camarades. Le balai dépasse la tête des hommes.)*

La Ramée, *lisant.*

Par la grâce du Père éternel, du fils et du saint Esprit.

Picard, *à part.*

Ainsi soit-il !

La Ramée

Nous, Louis XV dit le Bien-aimé...

Picard, *à part.*

Ne pas confondre avec le docteur...

La Ramée

...Roi du peuple Français...j'envoie à mes fidèles soldats ces quelque mots pour les encourager dans le chemin de la gloire et le sentier de l'honneur...

PICARD

En avant la musique !
(*Robinette se montre sur le seuil de sa roulotte*)

LA RAMÉE, *lisant.*

Musique du : VOYAGE OFFICIEL.

C'est en revenant de chasser
Les cerfs, les perdreaux et les cailles
Que Maupeou vient de m'adresser
Des nouvelles de vos batailles.
Et voulant m'associer un peu
A votr' fatigue, à votr' souffrance
Dans mon palais, près d'un bon feu,
Je vous écris ces mots de France.
Brav's soldats !.. Je suis content d'vous,
(Songez qu'la paix c'est pas la guerre)
Revenez vainqueurs parmi nous,
Et l'enn'mi s'ra vaincu, j' l'espère.
Si l'un d' vous se fait tuer pour moi...
Qu'il soit tranquill' j'lui f'rai un' rente
Tous les 3 mois d'un franc cinquante...
Continuez !...

TOUS

Vive le Roi !..

LA RAMÉE

Par monsieur de Choiseul, j'apprends
Que vous n'avez depuis trois semaines
Rien à vous mettre sous les dents ;
Parfait. les bonn' chèr's sont malsaines.
Vos uniformes en lambeaux
Ont des trous côtés face et pile,
Tant mieux car dans les pays chauds
Un courant d'air est très utile.
Brav's soldats !.. allez soyez fiers !
En l'honneur de votre courage
J'offre un banquet d' 1500 couverts
Aux courtisans d' mon entourage
Et. songeant qu'c'est à cause de moi
Que vous buvez d'l'eau en fait d'Bourgogne,
A votr' santé je m'saoul' la trogne...
Continuez.

TOUS

Vive le Roi !

LA RAMÉE

Et maintenant... en avant arche !... une deux,
une deux... (*Tous sortent sur la ritournelle très
brillante et accompagnent le sergent en criant :
Vive le Roi...*)

PICARD, *reste seul, toujours son balai en guise
de fusil.*

Ben. mon cochon, il n'a pas la trouille le Bien-
Aimé !.. *Robinette descend de la roulotte.*)

SCÈNE III

Picard. Robinette.

PICARD, *déposant son balai.*

Non alors si c'est comme ça, je demande le
désarmement.

ROBINETTE

Eh bien ! Picard. Qu'est-ce que tu fais là ?.. Tu
ne vas donc pas avec les autres ?

PICARD

Merci... Je ne suis pas pressé d'aller me faire
casser le caillou ?

ROBINETTE

Mais, la proclamation du roi, ça ne t'a donc
pas remué le cœur ?

PICARD

La proclamation du roi... elle ne m'a rien
remué du tout... D'abord le roi, je m'en fous ..
je ne le connais pas..., je ne l'ai jamais vu au
régiment. Pendant que nous autres on va z'au
feu, lui va t'a la chasse dans la forêt de Marly,
pendant qu'on se cale des briques.. lui il s'envoie des bécasses... eh bien, franchement. c'est-y
de la justice, Robinette ?... Voyons, c'est-y de la
justice ?...

ROBINETTE

C'est le roi !...

PICARD, *se montant.*

Ah ! c'est ça... vous aussi Robinette, quand
on vous z'y colle au pied du mur... vous répon-
dez comme les autres, c'est le roi ! . et ça doit
nous suffire pour nous faire couper en 36 morceaux...
Mais Jésus de Jésus... moi qui suis qu'une
betterave je me demande un peu pourquoi qu'il
m'envoie me cogner avec les Arbis... ils m'ont
jamais rien fait à moi, les Arbis... Et c'est-y
parcequ'ils ont la peau de la tête comme la peau
du derrière du général que je dois les démolir ?...
Ah ! tenez Robinette. je trouve que de nous en-
voyer si loin de cheux nous, de nous faire suivre
un drapeau avec de la musique en nous criant :
En avant !... c'est des stupidités et des malhon-
nêtetés...
Et si tout le monde penserait comme moi. eh
bien ! on te lui dirait à votre Monsieur Louis XV...
Si vous voulez vous frotter avec les Arbis, eh

bien ! allez-y donc vous-même. Parce que c'est toujours le bon populo qu'on envoie à la guerre... et qui y crève comme un pauvre chien pour les ceusses qui ont de la galette et qui se foutent pas mal de sa peau !... (A part) Passe-toi ça dans les dents, mon vieux bien aimé !...

ROBINETTE, *à part.*

Tout de même pour un idiot, il ne raisonne pas si mal que ça ! (Haut) Allons, Picard, ça c'est des choses trop compliquées pour nos cervelles...

PICARD

Et puis d'abord, j'en ai assez du régiment, mon enrôlement finit demain. je passe à la caisse et v'là c' que j' te vous propose... Vous savez que je vous idolâtrise ; eh bien ! si vous voulez t'être ma femme .. demain je rends les galons que je n'ai pas... et je vous t'épouse... et je vous t'emmène au pays dans la ferme à papa, à côté du fumier, des vaches et des cochons.

ROBINETTE

Jamais !... Fille et petite-fille de cantinière, cantinière je resterai...

PICARD

Mais Jésus de Jésus, c'est un métier ousqu'il peut vous arriver malheur...

ROBINETTE

Quel malheur ?

PICARD

Est-ce que je sais moi ?... Une balle par exemple... ça serait joli pour une femme d'avoir une balle dans la figure, ça lui ferait une mine de plomb.

ROBINETTE

T'es qu'un poltron !... Et tu voudrais m'épouser ?... moi, il me faut un gars à trois poils.

PICARD, *montrant la queue de sa perruque.*

Si vous voulez compter les miens vous verrez que j'en ai plus que ça.

ROBINETTE

C'est bien et puisque tu ne veux pas te battre...

PICARD

Pardon... je ne veux plus me battre pour le roi qui se fiche du peuple.. mais pour vous je me ferais plutôt couper la tête à la hauteur du nombril...

ROBINETTE

Ah ! la bonne heure !... Eh bien ! écoute... si tu ne le fais pas pour le roi. fais-le pour moi et si tu écopes dans la prochaine bataille... si tu te fais seulement couper une oreille, eh bien...

PICARD

Eh bien ?...

ROBINETTE

T'auras droit à un baiser... mais un vrai... un gros comme ça...

PICARD

Gros comme ça !... un pet de nonne alors ?

ROBINETTE

Tout juste, Auguste !... Et le jour où tu auras. les galons et la croix...

PICARD

Je vous t'épouse ?

ROBINETTE

C'est entendu... (*Elle lui tend sa gourde*) Allons, prends ton courage à deux mains et ton fusil de l'autre et bois un coup... c'est moi qui régale.

PICARD

Jésus de Jésus !... que les femmes sont donc chouettes cette année !... (*Il boit.*)

ROBINETTE

Et maintenant, tope là... et n'oublie pas que si tu te fais seulement couper une oreille, t'auras un baiser gros comme ça ! (*Elle rentre dans la roulotte.*)

SCÈNE IV

Picard *seul; puis* Radagoum.

PICARD

... Si tu te fais seulement couper une oreille... t'auras un baiser... Une oreille pour un baiser... mais Jésus, de Jésus, qu'est-ce qu'il faudra que je me fasse couper pour avoir le reste ?.. Ah ! les femmes... les femmes... Quand ça vous a pénétré dans l'intérieur y a plus moyen que ça s'en aille... J'suis t'y pincé tout de même pour cette Robinette... C'est y bête qu'elle veut pas venir dans la ferme à papa... on a déjà onze vaches.. ça aurait fait plaisir à papa que je lui amène ma fiancée par dessus le marché... Enfin ! ..(*Rêveur il envoie des baisers vers la roulotte. Radagoum*

*entre avec précaution, il regarde furtivement
autour du camp et aperçoit la pantomime que fait
Picard...)* Tiens, le v'là ton baiser, ma Robinette!..
Tiens le v'là ton pet de nonne !.. Tiens le v'là...
le v'là.. !!!

RADAGOUM, *à part.*

Allah ! Couscouss !.. moi Radagoum faire à
Sidi le coup du pè François... *(Il se précipite sur
Picard, l'enveloppe dans un burnous et le met
dans l'impossibilité de se débattre ni de prononcer
un mot.)* Là... dans le trou maintenant. *(Il le
pousse vers le ravin. Picard grogne sourdement.)*
Attends un peu, Sidi... Attends un peu ! *(Il sort
un grand couteau qu'il aiguise à la manière des
bouchers sur un fusil qui pend à son côté.)* Ah !
toi venir chez Sabir... Ah ! toi venir voler galette... voler femmes .. voler tout... Eh bien moi,
Radagoum, couper à toi oreilles. *(Il coupe les
oreilles de Picard et les jette au hasard.)* Couper à
toi nez *(Même jeu.)* Couper à toi cheveux *(Il coupe
la perruque.)...* Couper caillou en tranches... *(On
entend du bruit dans la roulotte...)* Oh ! du
monde... assez pour aujourd'hui... je reviendrai..
Allah !.. Allah !.. bono razzia bono... chouya...
kasba... Radagoum couscouss... *(Il sort.)*

SCÈNE V

Robinette. *puis* Cognedur, Villebrequin,
La Ramée, Briquet, les Soldats, *puis*
Picard.

ROBINETTE, *sort de la roulotte, empoigne le fusil
de Picard et tire en voyant Radagoum qui
s'enfuit...*

Oh ! un arabe !.. aux armes !..

(Tous les soldats accourent.)

LA RAMÉE

Un cou de feu !.. qu'est-ce qu'il y a ?

ROBINETTE

Je viens de chiper un arbi qui rôdait de ce
côté... j'ai tiré dessus... mais je l'ai manqué...

LA RAMÉE

Sapristi... ils sont malins comme des singes
ces bougres-là... Mais enfin y avait donc pas de
sentinelle... Caporal...

BRIQUET

Sergent !..

LA RAMÉE

Vous n'avez pas mis une sentinelle ?

BRIQUET

Mais si, sergent.

LA RAMÉE

Qui ?

BRIQUET

Picard.

LA RAMÉE

Ben ! où qu'il est ?

BRIQUET

Ma foi... je n'en sais rien...

LA RAMÉE

Abandon de poste sous les armes en temps de
guerre... il est foutu.

ROBINETTE

Oh ! ça m'étonne, il m'avait bien promis...

VILLEBREQUIN, *qui vient de trouver l'oreille de
Picard.*

Tiens, qu'est-ce que c'est que ça ?.. un plat à
barbe ?

COGNEDUR

C'est une oreille ?

LA RAMÉE

Une oreille ?

BRIQUET, *trouvant l'autre oreille.*

V'là la paire !..

COGNEDUR

Mais sapristi, v'là un nez ?

TOUS

Un nez ?

LA RAMÉE, *prenant le nez des mains de Cognedur.*

Il me semble que je connais ce pif-là... *(Il le
sent et éternue aussitôt)...* C'est à Picard !.. y a
que lui qui prise au régiment.

ROBINETTE, *ramassant la queue de la perruque à
Picard.*

Oh ! voilà ce que je trouve... sa perruque...
je la reconnais, c'est la plus belle du régiment...
pauvre garçon !

PICARD, *dans le ravin, poussant de vague cris.*

Au secours !.. Euh !.. Euh !..

BRIQUET

Hein ?.. qui est-ce qui beugle ?

PICARD, *même jeu.*

... S'cours !.. moi.. moi...

LA RAMÉE

Mais on dirait la voix de Picard...

ROBINETTE

Ah ! il est vivant...

PICARD, *sans guêtres, pieds nus dans ses chaus-*
sures sort péniblement de son trou. Il a la tête
complètement emmaillotée dans des bandelettes
qu'il s'est procurées de la façon qu'on verra
plus loin. Il n'a de visible qu'un seul œil et la
bouche) Qui qu'a trouvé mes oreilles ?

TOUS

Picard !!!

ROBINETTE

Et dans quel état... vite je vais chercher le
major... *(Elle sort vivement).*

LA RAMÉE

Eh Picard !.. c'est y toi ?.. ou c'est-y pas toi ?

PICARD, *soutenu par ses camarades.*

Je ne sais plus.

LA RAMÉE

Mais il a la tête en morceaux !

PICARD

Oui !.. est-ce que vous les avez ?

LA RAMÉE

Donnez-lui une goutte, ça le remettra. *(On lui*
donne à boire) Mais enfin qui est-ce qui t'a arrangé
comme ça ?

PICARD

Bi... Bi... Bi...

LA RAMÉE

Ah ! les Arbis !.. Mon pauvre vieux, te v'là
dans de beaux draps !

PICARD

C'est pas des draps que j'ai autour de la tête...
C'est mes chaussettes russes.

SCÈNE VI

LES MÊMES, *plus* Robinette, *et le* Major .

ROBINETTE, *entrant vivement avec le Major.*

Tenez, Monsieur le Major... vite... v'là le blessé.

LE MAJOR

Blessé ?... où ça le blessé ? où ça ?

LA RAMÉE

C'est Picard, major, il est fichu !

LE MAJOR

Fichu !.. il a encore ses jambes !

LA RAMÉE

Oui... mais il n'a plus de tête.

LE MAJOR

La tête, ça n'a pas d'importance... hé Picard !..
Picard ! *(Picard ne bouge pas.)* T'es donc sourd

VILLEBREQUIN

Attendez, Monsieur, c'est moi qui ai ses oreilles.
(Il crie dedans) hé Picard !.. Monsieur le Major te
parle. *(Picard fait le salut militaire et s'avance.*

LE MAJOR, *criant dans les oreilles.*

Où te sens-tu mal ?

PICARD

Au régiment....

LE MAJOR

J'vous d'mande pas ton avis... Qu'èque tu sens

PICARD

J'sens rien, j'ai plus de nez.

LE MAJOR

Comment, plus de nez... ousque tu l'as mis ?

PICARD

C'est les Arbis.. ils m'ont attaqué... ils m'ont
coupé le nez, les oreilles; y m'ont fendu le citron
et y m'ont coupé ma perruque...

LE MAJOR

Pas possible !

LA RAMÉE

Voici les pièces à conviction. (*On lui passe les restes appartenant à Picard dans une gamelle.*)

LE MAJOR, *les lui fourrant à la place du nez.*

C'est à toi tout ça ?

PICARD, *joyeux de retrouver ce qui lui était si cher.*

Ah ! ah !.. Oui !..

LE MAJOR

Compliments !... Eh bien, tu passeras au conseil pour abandon de matériel en temps de guerre .. Ah ! tu veux tirer au flanc, tu crois que c'est parce qu'il te manque la moitié de la tête qu'on va te renvoyer chez tes père et mère pour qu'ils t'en fassent une autre ?.. attends un peu !.. Je vais te faire une amputation...

TOUS

Hein ?

ROBINETTE

Qu'est-ce que vous allez encore lui couper ?

LE MAJOR

La tête !

TOUS

La tête ?

LE MAJOR

Faitement la tête !... puisqu'il ne lui en reste plus que la moitié je vais lui en fiche une en bois.

PICARD

Une tête de bois ?.. Ah ! la classe ! la classe !

LE MAJOR

Sergent ! vous avez un horloger dans la compagnie ?

LA RAMÉE

Oui, Monsieur le Major. (*Appelant*) Villebrequin ?

VILLEBREQUIN

Présent !..

LE MAJOR

Sergent !.. Vous avez un ébéniste ?

LA RAMÉE

Oui, M. le Major. (*Appelant*) Cognedur ?

COGNEDUR

Présent !

LE MAJOR

Parfait .. Eh bien, vous, l'ébéniste, vous allez m'empoigner ce billot de sapin et vous allez me sculpter une tête à hauteur pour ce bonhomme-là. Vous, l'horloger, vous allez me fabriquer une mécanique pour faire aller la tête. . Vous laisserez 3 trous sur le devant deux pour les quinquets et un pour son bec... allez ! si c'est pas fait dans une demi-heure vous fout dedans .. allez, emmenez le client... (*Villebrequin prend Picard pendant que Cognedur emporte le billot de bois.*)

PICARD, *à Robinette qui tient les restes dans la gamelle.*

Robinette... je vous fais cadeau de mes oreilles, de mon nez et de ma perruque, conservez-les bien... (*Il sort.*)

ROBINETTE

Je vais les mettre dans du sel. (*Elle sort en emportant la gamelle et son contenu.*)

LE MAJOR

J'vais surveiller l'opération, sergent, et je vous ramène le particulier... je vais lui fourrer un péca et demain il n'y paraîtra plus, scrongneugneu! et maintenant le premier d'entre vous qui aura le culot de se laisser couper quequ'chose, je lui fous en bois illico... Je vous mâterai, moi, scrongneugneu. (*Il sort*).

SCÈNE VII

La Ramée, Briquet, Soldats

BRIQUET

Picard avec une tête de bois... eh bien là vrai, il m'en bouche une surface, le major... Enfin voyons, sergent ?

LA RAMÉE

Faut pas qu' ça vous épate.

TOUS

Ah !

LA RAMÉE

Y a un savant qui a inventé un canard automate.

BRIQUET

Aux tomates ?... Aux navets que vous voulez dire.

La Ramée

Mais non eh... au tomate ça veut dire quequ'
chose qu'est pas vivant et qui marche tout seul.

Briquet

Ah !... et comment que vous l'apppelez ce
savant-là ?

La Ramée

Vaucanson !...

Briquet, *se moquant.*

Un veau au cresson qu'invente un canard aux
tomates !!...

La Ramée

Briquet... vous êtes comme 36 pieds, mon ami.

Briquet

C't'égal !... ça doit être rigolo d'avoir une tête
de bois... faut se raser avec un rabot et se débar-
bouiller avec de l'encaustique. . . . . . .
. . . . *(On rit, il regarde
au loin)* Tiens !... sergent... regardez donc... un
arbi qui nous arrive...

La Ramée

Qu'est-ce qu'il vient faire ?... Ouvrons l'œil.

Briquet

Attention, vous autres.

SCÈNE VIII

Les Mêmes, *plus* Radagoum.

*(Radagoum en costume de marchand de dattes,
il porte un plateau surchargé de nougeats, caramels, etc...)*

Demandez limonade, caramels, nougats,
cacaouettes... jamais malade, jamais moulli...
(A part) Moi Radagoum, moi mouchard...

La Ramée

Ecoute un peu !...

Radagoum

Sidi !... bonzou Sidi... nougats, cacaouettes...
jamais malade, jamais moulli...

La Ramée

T'as tes papiers ?

Radagoum

Moi papier sidi ?... bono sidi bono... papier
d'Arménie... un sou paquet...

La Ramée

Mais non... tu comprends pas, ta permission ..

Radagoum

Ah ! sidi... bono... pémission... tout suite sidi...

La Ramée

Fais voir.

Radagoum, *veut fouiller dans sa poche mais son
plateau le gêne visiblement.*

Moi pas pouvoir... sidi...

La Ramée

C'est bon, passe moi ton coca...

Radagoum

Houette... sidi... houette... ah ! sidi comique ..
sidi amusant !... *(Il lui a passé son plateau et lui
tend une feuille de papier)* Voilà !

La Ramée

Voyons !... *(Pour regarder le papier il passe le
plateau à Briquet après avoir savouré un nougat)*
Ça me paraît en règle... Voyez donc, caporal...
(Il passe le papier à Briquet.)

Briquet, *prend le papier mais, pour se débarrasser
du plateau qui le gêne, il le passe à son voisin
après avoir, lui aussi, savouré un nougat.*

Ma foi, sergent, c'est bien... rien à dire. *A part)*
J'sais pas lire. *(Haut à son voisin)* Toi qui connais la musique, regarde donc ça si c'est conforme.

1er Soldat

Bien, caporal... *(Le soldat passe le plateau à son
voisin après s'être rempli la bouche de bonbons.
Son camarade dès qu'il a le plateau en fait autant)*
Oui !... oui c'est conforme, caporal... rien à dire...
*(Alors on se repasse le plateau par le même che-
min, chacun se remplit la bouche d'une façon exa-
gérée si bien qu'on ne peut plus parler du tout et
quand le plateau revient avec la permission, à
Radagoum il est vide.)*

La Ramée, *la bouche pleine.*

Suffit !... T'es en règle.

RADAGOUM, *regardant, son plateau.*

Ah !.. peau de Zébie ! !...

LA RAMÉE

Rompez... c'est comme ça qu'on est nous les civilisés...

RADAGOUM

Mais Sidi... ça se passe pas autrement chez ceux qui le sont pas.

LA RAMÉE

Et avec ça... as-tu des femmes ?

TOUS

Ah ! oui ! !...

RADAGOUM

Des moukères... des bayadères... sidi !

BRIQUET

Ça doit être épatant !

RADAGOUM, *à part.*

Nous y voilà. *(Haut)* Oh oui sidi... moukères bien belles, bien jolies, bel grand yeux, bel grand bouche, bel grand...

LA RAMÉE

Il me fait venir l'eau à la bouche ce bougre-là...

TOUS

Pour le sûr !

RADAGOUM

Moi peux amener ici moukères, bayadères... quand nuit viendra.

TOUS

Ah !

RADAGOUM

Pou sû Sidi... poù sû !.. Mais pas amener moukères sans galette... Donner avant beaucoup galette et moi amener beaucoup moukères après...

LA RAMÉE, *presque la main à la poche.*

Bigre !.. ça me tente...

RADAGOUM

Et tu sais sidi... jolies... belles, grosses, mignonnes.

LA RAMÉE

Décidément, je veux me payer ça.

TOUS

Nous aussi.

RADAGOUM, *à part.*

Je les tiens !

LA RAMÉE

Voilà 3o sols, c'est tout mon coffre-fort *(Il lui donne de l'argent).*

BRIQUET

Vingt sols.

LES AUTRES

Dix... dix ! *(Les sous pleuvent dans le fez de Radagoum).*

LA RAMÉE

Et puis tu sais pas de lapin... sans quoi je te déniche et je t'envoie rejoindre Mahomet.

RADAGOUM

Radagoum a promis belles grosses... Radagoum amènera belles grosses.

BRIQUET

A ce soir.

RADAGOUM

Oui, Sidi... *(A part).* Je les tiens, les avant-postes sont à moi... *(Haut)* Allah !.. Arbi !.. Arba !.. Chouya !.. Couscouss... allah...

(Il sort rapidement).

BRIQUET

Je crois qu'on va s'en payer une tranche.

LA RAMÉE

Oui, mais motus.

BRIQUET

On va faire comme le roi... se payer des Pompadour... *(On rit).*

LA RAMÉE

Chut ! v'là le major !

SCÈNE IX

LES MÊMES, *plus* le Major.

(Le Major entre, il apporte une tête en cartonnage, imitant le bois et représentant la tête d'un garde françaises, perruque poudrée, moustache noire en croc. Sourire béat, joues colorées de rose vif.)

BRIQUET

C'est la tête de Picard !

LA RAMÉE

Epatant !

LE MAJOR

Caporal ?..

BRIQUET

M. le Major...

LE MAJOR, *montrant la tête de bois*.

Qu'est-ce que c'est que ça ?

BRIQUET

Ça se devine, M. le Major... c'est la nouvelle tête à Picard.

LE MAJOR

Très bien ! Est-ce que ça lui ressemble ?

BRIQUET, *hésitant et n'osant dire ni oui ni non*.

Euh !..

LE MAJOR

N'hésitez pas !... j'aime la franchise ! Est-ce que ça lui ressemble ?

BRIQUET

Pas du tout !..

LE MAJOR

Pas du tout !.. (*A La Ramée*.) Sergent, vous porterez quatre jours au cap'ral Briquet pour dire que la tête à Picard ne lui ressemble pas..

BRIQUET, *à part*.

Elle est raide. celle-là !

LE MAJOR

Sergent !... dans 5 minutes j'vous amène le paroissien... on est en train de faire chauffer la colle. (*A Briquet*.) Ah ! mon gaillard c'est pas r'ssemblant !.. Eh bien, je vous ferai voir si j'suis r'ssemblant moi... scrongneu gneu... (*Il sort en emportant la tête*.)

SCÈNE X

LES MÊMES, *moins* le Major.

BRIQUET

Ben, mon salaud, il en a une santé le Major... Non, mais enfin. sergent, ça ressemble à Picard comme le fond de ma culotte à une tasse à café... voyons, sergent... qu'est-ce que vous en dites ?..

LA RAMÉE

Moi... je m'en fous...

BRIQUET

Picard qui avait la bouche en coup de sabre.. ils t'y ont fichu une bouche en cul de poule.

LA RAMÉE

C'est peut-être pour que les œufs y passent plus facilement.

BRIQUET

Et puis enfin il avait le menton rond... et ils lui ont fait un menton de galoche...

LA RAMÉE

Cap'ral, j'ai déjà eu celui d'vous dire que vous étiez comme 36 pieds... Voyons, espèce de savate... avec une tête en bois on ne peut faire qu'un menton de galoche... (*On entend crier : V'là Picard !.. Vive Picard !..*) Cette fois, le voilà... c'est lui !..

TOUS

Oui le v'là ! (*Dès que Picard paraît, ils entonnent joyeusement : Ah ! la la ! c'te gueul c'te binette !.. oh la ! la! c'te gueul' qu'il a.*)

SCÈNE XI

LES MÊMES, *plus* Picard, Villebrequin, Cognedur, le Major.

Picard pour simuler sa tête de bois est maquillé exactement comme la tête que le major a apportée précédemment).

LE MAJOR

V'là l' morceau !...

TOUS

Bravo !...

LE MAJOR

Je crois que c'est torché... hein ?... Soldats !... je vous ramène Picard... (*A Villebrequin*) Dites donc, l'horloger, faites-le fonctionner pour voir s'il est encore bon pour le service.

VILLEBREQUIN, *il s'approche de Picard et lui remonte une mécanique derrière la tête, un bruit de crécelle se produit, Picard ne bronche pas, figé dans un éternel sourire*.

Picard !!!.. hé !!... Picard !!!... est-ce que t'entends ?

(*Picard ne bronche pas*.)

LE MAJOR

Alors, il est sourd ?

VILLEBREQUIN, *tirant un tire-bouchon de sa poche.*

Non. . attendez . je vais lui déboucher l'oreille). *(Il la lui débouche et en tire un interminable copeau)* Là maintenant, il va entendre.

LA RAMÉE

Hé !! Picard !...

PICARD. *fait le salut militaire et sourit au sergent mais sans parler.*

VILLEBREQUIN

Là !... vous voyez... il entend.

LE MAJOR

Oui ! .. mais il ne parle pas !... *(A Cognedur et à Villebrequin)* Dites donc, vous autres, s'il n'a pas dit au moins cinq lettres avant cinq minutes je vous fous dedans tous les deux.

(Villebrequin et Cognedur se précipitent alors sur Picard qui sourit radieusement. Ils le secouent sans obtenir de réponse).

VILLEBREQUIN

Attendez... avec un peu de cambouis sur les quenottes.

COGNEDUR

Faudra qu'il parle ou qu'il dise pourquoi. *(Ils lui mettent de la graisse sur les lèvres. Picard fait alors marcher ses mâchoires et petit à petit articule un son.*

PICARD. *articulant.*

Beuh !..

COGNEDUR

Là... faut que ça s'échauffe...

PICARD, *même jeu.*

Oua !

LE MAJOR

Il aboie !

VILLEBREQUIN

Que je suis bête... j'ai oublié de lui expliquer le mécanisme à Picard. Ecoute, ma vieille ; maintenant que t'as une tête de bois, faudra bien faire attention... T'as quatre vis derrière la tête : une pour mordre, une pour lécher, une pour parler et une autre pour embrasser. . Celle pour parler est là... à gauche, derrière le cou... remonte-la toi-même.

PICARD, *remonte lui-même la vis qu'il a derrière là tête. Bruit de crécelle, il pousse différents sons.*

Hum !.. Hi !.. Han ! Brr !.. Eh !.. Ah !..

COGNEDUR

Là vas-y, maintenant parle. Et remercie Monsieur le Major de t'avoir donné une tête de bois.

VILLEBREQUIN

...Et de t'avoir sauvé la vie.

PICARD, *après plusieurs beuglements préparatoires se met à parler, mais avec un accent alsacien très prononcé.*

Mozié le machor... chefus remerzie peaucup dè m'afoir tonné un dède té pois et té m'afoir saufé mon fie !..

TOUS

Hein ?

LE MAJOR

Nom d'une seringue !!., il a l'accent alsacien ?

PICARD

Jé pé bas barler audrément !

COGNEDUR

Dame, monsieur le major, je vous avais prévenu ; le bois que nous avons employé c'était du sapin de la forêt noire en Allemagne ; c'est pas étonnan qu'il ait l'accent du pays...

LE MAJOR

Enfin ça vaut mieux que d'être muet... Eh bien ! Picard, comment te trouves-tu ?..

PICARD

Zauf fot' resbect, mozié l'machor... je grois que chai un' zale cueule.

LE MAJOR

Un amour... à côté de ce que tu étais avant !..

PICARD

Merci peaucup, mozié le Machor... Me voilà avec une dède te poche... chamais **mes parents** me regonnaidront.

LE MAJOR

Mais si... mais si !..

PICARD

Non Chésus de Chésus !.. Ils ne voudront plus... mon mère il foudra plus... mon père il foudra plus... mon sœur il foudra plus.

LE MAJOR

Mais si... mais si ils foudront ! *(Se reprenant.)* Allons, bon, voilà que je parle comme lui .. Enfin te voilà sur pieds... ça va bien, n'est-ce pas ?

PICARD

Voui. Mozié le machor ça ze maindient... seulement ch'ai un beu mal à mon dède... ça doit êdre le zèfe qui remonde... bourfu qu'il ne me bousse bas des pranches sur le zipoulot !

LE MAJOR

Tu seras à l'abri du soleil. .

PICARD

Oui, mais ch'aurai l'air t'un cerf... et si che me marie mon vemme il aura l'air d'une cerfesse.

LE MAJOR

T'avais déjà l'air d'un daim, ça ne te changera pas beaucoup... Puis assez de rouspettance... (A La Ramée.) Sergent, je vous recommande ce gaillard là pour les missions délicates... pas de danger qu'il perde la tête... Allez ! Rompez. (A Picard.) Et si demain t'as un clou qui dépasse sur la joue, je te le ferai enfoncer par le maréchal ferrant. (Il sort.)

SCÈNE XII

LES MÊMES, *moins* le Major.

LA RAMÉE

J'espère, mon vieux Picard, que tu ne vas plus faire la mauvaise tête, hein ?

PICARD

Maindenant zerchent che m'en fous !.. j'ai le dède niguelée.

LA RAMÉE

Je vais te confier une mission importante. Tu vas rester ici, tout seul, pendant que nous allons relever les avant-postes. . l'endroit est dangereux..

PICARD

Che m'en zuis pien aberçu doud à l'heure... Puisque z'est là que ch'ai berdu mon premier dède.

LA RAMÉE

Donc ! Tu vas rester seul !.. si tu vois des Arbis tu ne bougeras pas... tu ne diras rien...

PICARD

Pien !..

LA RAMÉE

Tu tireras un coup de fusil

PICARD

Pon !..

LA RAMÉE

Eux aussi ils tireront des coups de fusil...

PICARD

Pien ! .

LA RAMÉE

Seulement ils te tueront.

PICARD

Pon !..

LA RAMÉE

Mais avant nous serons là et nous les ferons prisonniers... répète un peu ce que je t'ai dit...

PICARD

Foilà !.. ché pouche bas, ché tis rien, che fois les Arpis, ché tis rien... ils me duent... ché tis rien et ché dire un cup d'vizil !..

LA RAMÉE

Et tu as sauvé l'armée Française. (Aux autres) En route !.. par le flanc droit... ouette !.. En avant ! arche !. une deux...

Sortie. Picard reste seul.

PICARD, *les regardant s'éloigner et montant la garde.*

Ché tis rien.. ché tis rien... et ché lire un cup de vizil... Ze gue z'est dit te même... maindenant que ch'ai une dède te pois on me tonne tes bosdes te convitence... che barie gue che fais tefenir un grosse lécume dans les galous . alors che d'épouse Ropinedde... ma Ropinedde !.. z'est égal elle ne foudra chamais me regonnaidre ..

SCÈNE XIII

Picard, Robinette.

ROBINETTE, *entrant.*

Voyons... si jè pouvais savoir le résultat de l'opération... une tête de bois !..Je serais curieuse de voir ça...

PICARD. *à lui-même.*

Elle foudra jamais... elle foudra jamais...

ROBINETTE, *apercevant Picard.*

Ah ! le factionnaire pourra me renseigner... Eh ! sentinelle !

PICARD, *se retournant.*

Robinedde !.. ma Ropinedde !.. (*Il la prend dans ses bras, mais au même instant Robinette lui envoie une gifle. Picard ne sent absolument rien.*)

ROBINETTE

Oh ! que je me suis fait mal !

PICARD

Foyons Robinéde.. fus ne me reconnaissez tonc bas... che... che zuis Bicard... fodre bedit Bi bi... votre bedit ca...card !..

ROBINETTE

Toi Picard... mais tu parles alsacien...

PICARD

Je zais blus barler audrement depuis gue chai mon dêde te pois !

ROBINETTE

Mais tu as des moustaches...

PICARD

Tuchurs tepuis gue ch'ai mon dêde te pois.

ROBINETTE

Vrai !... mais alors c'est pas une blague... l'opération peut donc réussir ?...

PICARD

Fus foyez !... fus puvez doucher... che me borde pien mieux qu'afant.

ROBINETTE

Picard avec une tête de bois !... je ne l'aurais jamais cru...

PICARD

Eh pien ! Gruyez-le Ropinedde... gruyez-le... aussi maindenant fus ne burez blus me revuser ce pon paiser que fus m'afez bromis...

ROBINETTE

Quand ça ?... où ça ?...

PICARD

Che m'en rabbelle blus... ch'ai laissé mon mémoire tans mon audre dêde... mais che me rabbelle douchours te fus Ropinedde, barceque fus n'édiez pas dans mon dêde... fus édiez tans mon cœur...

ROBINETTE

Tiens, mais t'es moins bête qu'avant.

PICARD

Ch'ai te l'esprit de bois !... Alors, c'est tit... mariache ça dient tujurs ?

ROBINETTE

Un mari avec une tête de bois.

PICARD

Au gondraire ! C'est drès gommote... si nous aurons tes enfants che leur brêterai mon dêde pour chuer aux poules... et fus, Robinedde, fus burrez fus en serlir gomme bedit panc bour fus azzcoir téssus !

ROBINETTE

Allons... puisqu'il faut que je tienne ma promesse, Picard, viens m'embrasser...

PICARD

Oh ! ma Robinedde !... C'est fus gui allez a foir l'édrenne de mon dêde te pois... (*Il veut l'embrasser mais reste la bouche entr'ouverte. Il ne peut arriver à avancer les lèvres pour prendre un baiser. Il fait la grimace.*)

ROBINETTE, *tendant la joue.*

Eh bien ! voyons, c'est y pour ajourd'hui ou pour demain. (*Elle le regarde*) T'en fais une grimace.

PICARD

Za, z'être ébadant !... Che beux blus afancer mon pouche !... Ah ! Gue che zuis Courde... Denez, Robinette ; appuyez-moi derrière le gu... (*Il montre son cou à l'endroit où sont ses vis*)

ROBINETTE

Derrière le cou ?... pourquoi faire ?

PICARD

Ch'ai un fis...

ROBINETTE

T'as un fils derrière le cou ?

PICARD

Mais non... che tis pas un fils ! che dis un fis... J'en ai même quatre des fis...

ROBINETTE

Quatre !

PICARD

Vui !.. c'ètre l'horlocher tu réchiment gui me
les a faits... ch'ai un fis pour mortre, ch'ai un fis
pour lécher, ch'ai un fis pour emprasser... celui-
là... à gauche... ah ! za y est... che le diens !.. *Il
remonte la vis Oh ! ma Robinedde. Il s'approche
pour l'embrasser mais il lui tire démesarément la
langue et lui lèche aimablement la joue*).

ROBINETTE, *lui flanquant une gifle*.

Dégoûtant !.. oh ! que je me suis fait mal !

PICARD, *courant après elle*.

Robinedde... ma Robinedde !..

ROBINETTE

Y a rien de fait... j'aime pas la langue de veau...
Quand tu sauras embrasser, je repasserai... *Elle
rentre dans sa cantine*).

SCÈNE XIV

Picard, *seul*.

(*Il a toujours la langue sortie. Il tourne une
autre vis pour la rentrer*).

Eh pien ! me foilà frais !.. au lieu de vaire aller
le fis à emprasser... ch'ai fait aller le fis à léger...
ah ! che me brébare un choli avenir ! che saurai jamais m'habiduer à tous mes fis !.. Avec tut ça che
me rappelle blus bourquoi que je suis t'ici... faudra
que che vasse mettre un diroir à mon dède te pois
pour enfermer mes itées !.. Z'est égal !.. J'ai enfic
de tormir... avec une dède te pois, che m'en fais
sûrement roubiller gomme un sapot. *Il s'allonge
par terre* Et tire que si Ropinedde foulait... on
z'en irait pras tessus, bras tessous au badelin
ousque che suis né. On s'insdallerai dans le jam-
bre au tessus du bulailler et pendant qu'en pas,
les boulles y feraient tes œufs à la goque... nous
en haut, on essayerait te vaire des œufs durs...
Ah ! Ropinedde !.. Ropinedde !.. Il me semble
que che fis dans un rêfe !.. et malgré l'accident
de mon fis à lécher... je veux l'afoir... l'afoir...
l'afoir... (*Il s'endort presque au milieu du théâtre*).

SCÈNE XV

Picard, Radagoum, la Sultane,
les Almées

RADAGOUM, *toujours en marchand de dattes, s'a-
vance avec précaution. Apercevant Picard
endormi, il fait un signe dans la coulisse.
Immédiatement une demi-douzaine d'Almées*

*apparaissent, puis la Sultane, après avoir fait
à celle-ci les salamalecks d'usage Radagoum
amène les femmes près de la rampe et leur dit
confidentiellement*

Par allah !.. voici ce que moi Radagoum,
serviteur de Sa Majesté grand frère Sultan, ai
imaginé pour mettre grappins sur petits Sidis
Français. Toi, belle fille, toi faire de l'œil à Sidi
sentinelle, quand Sidi sentinelle ouvrira pau-
pière. Autres Sidi vont venir ici pour chercher
belles moukères... eh bien ! belles moukères
faudra laisser cajoler... laisser caresser... Et
quand Sidis Français feront la cour... Pif !
Paf ! Pouf ! Boum !.. enfoncer poignard...
enfoncer couteau dans la tête à Sidi Français...
et échauder caillou avec poix bouillante. (*Il montre
un réchaud dans le genre de ceux dont se servent
les menuisiers pour faire fondre leur colle que
dissimule une femme*. Alors moi Radagoum arrive
avec grand chef et... couic !.. tous Sidis Français
prisonniers .. et nous, sabirs libres, moi comme
chameau, toi comme chamelle... C'est compris...
(*Les femmes font signe qu'elles ont compris* Pa-
fait... Parfait... Je reviens avec grand chef...
Allih... Allah... Chouya.... Barka... Couscouss... Les quatre doigts et le pouce.
Il sort).

SCÈNE XVI

LES MÊMES, *moins* RADAGOUM.

*Musique de scène. La marche Turque de Mo-
zart. Dès la sortie de Radagoum, les Almées font
brûler des parfums dans de petites cassolettes
qu'elles ont apportées. La Sultane prépare elle-
même le réchaud qui contient la poix à bouillir
et s'assure d'abord de la tête de Picard qu'elle
caresse en roulant des yeux terribles. Les Almées
commencent une musique d'abord lente qui monte
peu à peu dans la nuit... Picard se met à parler
tout haut en rêvant.*

PICARD, *rêvant*.

Baratis !!... Baratis !!... Baratis de Mahomet...
cholies mouguères... drès cholies... Mossié Mahomet ch'ai pien l'honneur de fus zaluer !... C' que
fus en afez des bedides femmes... mon cuchon
fus tevez bas fus embêder !... C'est à fus dut ça ?
Ben alors bassez moi z'en une... che fus en bric...
che fus la rendrai. (*La Sultane s'approche de lui.
Machinalement et toujours en rêvant, Picard la
saisit et la caresse comiquement. Il laisse promener sa main sur ses seins d'abord*) Oh ! mais...
c'est drès pien... et c'est drès tur... Oh !
c'est du gualité subérieure. (*Il s'aperçoit qu'il
est éveillé. Il reste abruti, n'y comprenant rien.
Les Almées dansent pendant que la Sultane*

exécute la danse du ventre en son honneur et lui fait de gracieux sourires, il se lève.) Diens !... Mais où gue che zuis ? *(Il se tâte la tête)* Oh ! gomme c'hai le dède ture !... Je retroufe blus mes itées... Mais che zuis tans e Paradis de Mahomet ?.. alors ousqu'il est ?... M. Mahomet ?.. ousqu'il est ?.. ah c'est fus Madame Mahomette ?.. alors... eh pien, buisque che suis dans le Baratis... che vais m'en vourrer jusque-là ! et che fais enlever la plus belle... *(La sultane danse toujours.)* Drès choli... Matame, drès choli... Oh ! laissez-moi fus tire que fus me calvanissez de subergeries et gue fus me cabidonnez d'amur... Laissez-moi fus le tire tans votre petit tuyau... dans fotre betit tuyau de l'oreille. *(Il tombe à genoux. Elle lui fait des caresses sur le dos, cela le chatouille il le fait voir, mais dès qu'elle lui passe la main dans les cheveux ou sur le visage il ne sent plus rien du tout et reste impassible, ce qui étonne vivement la Sultane...)* Ah ! mais... ah mais qu'est-ce qu'elle me fait tonc... *(Il l'attrape.)* Tant bis che ne rébonds blus de moi... che me laisse clisser tans les délices du capoul. *(Les almées se sont reculées et aiguisent des poignards....)* A moi mes quatre fis !.. tous mes ressorts !.. j'aurai jamais trop de ressorts pour une zuldane. *(Il embrasse la sultane mais comme il a remonté toutes ses vis il la mord et la lèche tout à la fois. A partir de ce moment Picard devient un tigre en furie. Il va de l'une à l'autre en criant, gesticulant, léchant, mordant et aboyant. Les almées croyant le tuer net lui enfoncent dans la tête des flèches, des poignards, rien.)* (1) Vous bufez gondinuer che zens rien tit tout... *(Les almées sont épouvantées. La sultane lui verse sur la tête de la poix bouillante)...* Ah ! fus me meddez tu fernis... merzi pien... *(Il a l'air d'un diable affolé, prises de peur les almées cherchent à fuir. Picard les poursuit, mêlée générale.)* A moi mes fis !.. à moi Mahomet ! A moi dout !.. dout !.. *(Au loin la fusillade éclate vivace, nourrie, des cris se font entendre et bientôt Radagoum apparaît au milieu du théâtre ne sachant de quel côté fuir. Picard saute sur lui l'embrasse, le mord et ne le lâche plus... Robinette entre et se met de la partie faisant son coup de feu comme les soldats. Elle crie :* Aux armes !... *Les hommes accourent.*

TOUS

Victoire !.. Victoire !.. Vive Picard !..

SCÈNE XVII

LES MÊMES, le Major, Robinette, Villebrequin, Cognedur, La Ramée, les Soldats *etc...*

LA RAMÉE

Empoignez-les !.. *(Les soldats s'emparent des Arabes.)*

PICARD

Pardon... c'est à moi... z'est à moi !

ROBINETTE

Il s'est battu comme un lion...

PICARD, *à part.*

Mais alorss ! che tormais bas !..

LE MAJOR

Picard !.. tu as sauvé l'armée française.

PICARD, *à part.*

Ze qu'il y a de blus ébadant z'est gue che l'ai bas vait exprès !

LE MAJOR

Le roi qui ne voit jamais rien, mais qui sait toujours tout, m'a chargé de te nommer capitaine et de t'offrir la croix d'honneur par dessus le marché...

PICARD

Il me tonne la groix... Je l'enqueule blus. Fife lé roi !

ROBINETTE

Capitaine !.. Décoré *(Aux autres)* Soldats, aujourd'hui je ferme la cantine.

LA RAMÉE

Pourquoi ?

ROBINETTE

Pour cause de mariage !

LE MAJOR

Avec qui ?..

ROBINETTE

Avec Picard !..

PICARD, *se jette dans les bras de Robinette. Il pleure.*

Ah ? Robinette !.. *(A part)* C'est rare si le jour te la noze j'ai pas la queue de pois !

RIDEAU

AUTEURS	TITRES DES ŒUVRES	Hommes	Femmes	Prix nets
E. Brasseur	Constat d'adultère d	6	3	loc.
Habrekorn et P. Marc	Contes de Piron (Les)	2	10	loc.
Lebreton-Moreau	Contrôleur des Wagons-Bars (Le)	5	3	loc.
R. Maygrier F. Lemeuland	Coquins de Souliers	4	2	loc.
Ryvez	Cordon s'il vous plaît	3	3	loc.
Lebreton-Moreau	Cote et Cocottes	4	4	3 »
C. Roland	Courroie (La)	2	1	loc.
J. Darc et G. Habrekorn	Course aux pantalons (La) d	6	4	loc.
L. Bouvet-G. Arribat	Course au Sac (La)	4	2	loc.
Habrekorn	Couturière est au-dessus (La)	2	5	loc.
S. Cellier et E. Joullot	Couverture (La)	4	3	loc.
F. Bouveret	Créanciers du coffre-fort (Les)	5	3	loc.
Marsan (de)	Crépuscule des vieux (Le)	3	2	loc.
Mize et Saintis	Crocodile a des scrupules (Le) d	3	3	loc.
Guillemand-de Marsan	Culotte à l'envers (La) d	15	10	loc.
De Roze et d'Arsay	Culotte du marié (scène) (La)	1	»	1 '
H. Duharnois	Cure Merveilleuse (La)	3	1	loc.
Saint-Paul	Dame aux bluets (La)	2	2	loc.
Lebreton-Moreau	Dans cent ans d	troupe	»	loc.
Pierre Achard	Dans l'Escalier	2	1	loc.
Sourilas	Dégrafée d	3	3	5
Mestre-Aubry	Demoiselle des Martigues (La) d	3	10	loc.
Cellier-Gramet	Demoiselles Plumemboy (Les)	3	4	loc.
Marc Sonal-Pierre Laurey	Départ du régiment (Le) d	5	10	loc.
Saint-Paul	Déraillement (Le)	3	2	loc.
St-Paul-G. Rose fils	Dernière carotte (La)	3	2	loc.
L. Lefèvre	Dernier verre (Le)	2	1	4 »
F. Barbier	Deux amours de chandeliers	1	1	5 »
F. Matz	Deux avares (Les) d	2	1	8 »
Ch. Hubans	Deux coqs vivaient en paix	2	1	6 »
F. Gracia	Deux estafiers (Les)	2	»	2 »
Vallès-Garnier	Deux femmes de M. Grochose (Les)	3	2	loc.
A. Condamin	Deux heures de retard	2	2	loc.
M. Chautagne	Deux muses (Les)	2	»	4 »
F. Barbier	Deux parfaits notaires (Les)	2	»	6 »
Hervé-Lecocq	Deux portières pour un cordon d	3	»	4 »
Gribinski	Déveine (La)	2	2	loc.
Moreau-Boucherat	Diable au Moulin (Le)	4	8	loc.
St-Paul-G. Rose fils	Divorcerons-nous	3	2	loc.
Gramet-Talber	Doigt coupé (Le)	troupe	»	loc.
Léon Laroche	Domestique pour rire (Un)	1	1	4 »
G. Rose fils	Don Juan de Montmartre	3	3	loc.
Saint-Maurice	Doubles Vierges (Les) d	troupe	»	loc.
L. Bouvet-Lebreton	Drapeau du Régiment (Le)	5	4	loc.
Sourilas	Drapeau jaune (Le) d	4	2	4 »
F. Muffat-L. Bouvet	Dudule	3	2	loc.
Bouvet-Sevry	Dupont et Dupont	4	3	loc.
St-Paul et Rose fils	Durandard est un bon garçon	8	2	loc.
Dottin, Boulay-Lavrice	Duriflard	5	2	loc.
L. Bouvet-Schmoll	Echange de bals	5	5	loc.
De Lannoy et Lions	Echarpe (L')	4	2	loc.
J. Domerc	Ecole buissonnière (L')	3	»	3 »
Boulay-Lavrice	Ecole des Cocus (L')	4	3	loc.
Yver-Septmons	Eh! Ohé! Ladrupette! d	2	»	loc.
Trebla-Croisier	Elle! d	4	1	loc.
Ed. Lhuillier	Elle débute ce soir	1	1	4 »
Delaruelle	El senor Piffardino	1	1	6 »
M. de Marsan	Empire du milieu (L')	3	2	loc.
Marsay	En colonne d	troupe	»	loc.
Deunys et Morelo	Encore un déraillement	3	2	loc.
Saint-Paul	Encore une revue	4	4	loc.
Lebreton-Moreau	Enfant des halles (L') d	3	2	loc
Jallais Hubans	Enlèvement des Sabines (L')	troupe	»	loc.
Guillemand-de Marsan	Enfants d'Edouard (Les) d	2	3	loc.
Lebreton-Duroc	Enragés d	4	4	loc.
Gribinski	En répétition	4	3	loc.
Villebichot	Entre deux jardins	1	1	4 »
Lebreton-Duroc	Entresol d'Eugène (L') d	4	6	loc.
Garnier-Vallès	Erreur de Bridouille (L')	3	2	loc.
Banès	Escargot (L')	2	3	6 »
A. Pajol	Esprits d'Argenteuil (Les)	5	2	loc.
P. Pottier R. Dubreuil	Estime du Concierge (L')	2	1	loc.
D. Dihau	Eternel roman (L')	1	1	4 »
Bourel-Roydel-Tranel	Etrennes utiles	3	2	loc.
L. Jancey	Exercice de nuit	3	2	loc.
Garnier-Vallès	Exploits de Malichard (Les)	6	4	loc.
L. Bouvet-Ch. Darantière	Extras de Balochard (Les) d	4	4	loc.
St-Paul-G. Rose, fils	Fais ça pour moi	3	2	loc.
F. Beauvallet	Faites le jeu, Messieurs d	3	1	loc.
Moreau-Gramet	Famille Nitouche (La)	3	4	loc.
L. Bouvet, J. Sevry-Rosès	Family-Plage	6	4	loc.
Lebreton-Moreau	Farces du Printemps (Les) d	6	4	loc.
St-Agnan Choler	Faut du prestige (vaud.) d	3	2	loc.
Lebreton-Duroc	Faut qu'j'casse la g. à Baptiste d	5	3	loc.
G. Rose père	Faux cols d'Oscar (Les)	1	2	loc.
D. Lannoy-Liess	Félicité	3	2	loc.
Flers	Femina d	troupe	»	loc.
Ch. Gabet	Femme de Valentino (La) d	?	2	loc.
Moreau	Femmes qui fument (Les) d	7	8	loc.
F. Chaudoir	Fête à Claudine (La)	1	1	4
E. Duhem	Fête à M. le Maire (La)	5	2	4
Guillemand	Feuille à l'envers (La) d	4	3	loc.
G. Fortin-A. Doyen	Fiançailles de Toinette (Les) d	1	1	loc.
Dorfeuil-Bouvet	Fiancé des Nourrices (Le) d	4	5	loc.
Javelot	Fiancés berrichons (Les)	1	1	3
Soulié	Fiancés du bonnet de coton (Les)	1	1	5
L. Vasseur	Fichue idée d	2	1	5
Brigliano-Talber	Fichue situation d	4	4	loc.
Liouville	Fièvre phylloxérique (La)	3	2	4
Bertrié	Fille du charpentier (La)	3	1	5
Lebreton-Moreau	Fille du marin (La) d	8	7	loc.
Bourel, Roydel, E. Hervé	Filles de Cornenville (Les)	4	7	loc.
Lebreton-Soudant	Filles de la Cantinière (Les) d	7	4	loc.
Lebreton	Filles du Charcutier (Les)	3	3	loc.
Lebreton-Moreau	Fils à Papa (Le) d	4	7	loc.
Lebreton-Moreau	Fils de Gouape	4	4	loc.
Chaulieu et Bataille	Fils de M. Alphonse (Le) (vaud.) d	5	2	loc.
Duroc-Mailfait	Five O'Clock de la Baronne	7	2	loc.
Villebichot	Fleuriste et typographe	1	1	5
Lebreton-Talber	Foire aux nichons (La) d	7	7	loc.
Pradels-Quinel	Fosse aux ours (La)	4	4	loc.
Lemonnier	Françoise les bas bleus d	troupe	»	loc.
Moreau-Soudant	Francs-tireurs de la mort (Les)	troupe		loc.
Lebreton-Reissier	Frangine (La) d	7	6	loc.
Lévy-Merset	Fantrognon d	8	11	loc.
Lebreton-Moreau	Frère de lait (Le)	1	2	4
Garin-Toroy	Friper's and Co d	5	9	loc.
Lebreton-Moreau	Friquet d	9	7	loc.
Cieutat	Furet (Le)	»	1	4
Moreau-Touzé	Gai gai mariez-vous!	4	3	loc.
Moreau-Darsay	Gaîtés du bastion (Les)	5	3	loc.
Marselé (L.)	Galant Douanier	3	1	loc.
L. Bouvet et Arribat	Garçonnière de Dutocard (La)	3	3	loc.
Saraine	Garde champêtre de Corneville (Le)	1	»	4
L. Dottin	Gendre de M. Duplantoir (Le)	3	2	loc.
Lebreton-St-Paul	Gontran se marie	3	2	loc.
B. Lebreton-Soudant	Gosse (La)	3	2	loc.
Froyez-Colias	Grand Duc Moleskine (Le) d	6	6	loc.
Lefort	Grand papa de la chanson (Le) d	1	1	loc.
Rose fils et Ryvez	Greffeur (Le)	4	3	loc.
Lebreton-Blairat	Grenouille (La) d	4	2	loc.
Hervo-Merki	Grève des Boulangers (La)	5	»	loc.
Moreau-Marcus	Grève des facteurs (La)	2	2	loc.
M.-Brisac	Guerre aux hommes (La) d	6	7	loc.
Lebreton-Nicolaie	Gueule d'Or d	6	6	loc.
L. Bouvet F. Muffat	L'Héritage de Malassis	4	3	loc.
Lebreton-Moreau	Héritière des Carapattas (L') d	8	8	loc.
De Marsan	Heureux gagnant	4	4	loc.
C. Roland-A. de Lorde	Hermance a de la Vertu, 2 actes d	2	1	loc.
Villebichot	Hirondelles de la rue (Les)	»	2	loc.
L. Bouvet et G. Arribat	Homme du Parc Monceau (L')	3	2	loc.
Rose fils	Homme explosible (L')	4	1	loc.
Lebreton-Blairat	Homme pâle (L') d	4	2	loc.
Lebreton-Duroc	Hôtel d'Artistes d	troupe	»	loc.
Lebreton-Duroc	Hôtel de Noblepanne d	4	4	loc.
St-Paul-Rose fils	Hôtel des Fantômes (L')	3	1	loc.
Jarantière et Bouvet	Hôtel du lac bleu (L') d	7	6	loc.
Bourel-Roydel-Jost	Hôtel modèle d	7	7	loc.
H. Barbé-de Téramond	Huissier des bons jours (l')	3	2	loc.
Antigeon-Dourel	Hypnotiseur malgré lui (L') d	3	2	loc.
Mize-Bernède	Idées de M. Coton (Les) d	3	2	loc.
C. Roland	Il était une fois d	1	1	loc.
Bessière-De Noter	Ile de Nénuphar (L')	5	2	loc.
Briollet et Tinant	Ile Jaune (L')	8	4	loc.
De Lannoy et Lions	Indispensable (L')	2	2	loc.
Briollet et Arnould	Invalide à la tête de bois (L')	7	2	loc.
B. Lebreton et Blairat	Invalides du Mariage (Les) d	7	7	loc.
Moniot	Jacotte	3	1	loc.
Liger-Aubrun	J'ai perdu Virginie	3	1	loc.
Nargeot	Jeanne, Jeannette et Jeanneton d	2	3	loc.
Michiels	Jefque et Trinne	2	1	loc.
St-Paul	J'en ai plein le dos	5		loc.
Lebreton-Soudant	J'épouse ma bonne d	5	4	loc.
A. Perronnet	Je reviens de Compiègne	3	1	loc.
Yvel	Jeune homme du Tunnel (Le) d	3	1	loc.
Bernicat	Jeunesse de Béranger (La)	3	2	loc.
B. Lebreton	Jeunesse de Hoche (La) d	6	4	loc.
Lebreton-Moreau	Jocrisse du mariage (Les) d	troupe	»	loc.
B. Lebreton	Joies du divorce (Les) d	troupe	»	loc.
Marsan (de)	Jour de gloire est arrivé (Le)	4	1	loc.
L. Collin	Journée aux soufflets (La)	1	2	loc.
J. Férol	J'teux de sorts (Le)	7	1	loc.
Fransois-Derys	Jules d	1	1	loc.
Herpin	Ki-Ki-Ri-Ki d	troupe	»	loc.
Paul Avril	Labistrouille	3	2	loc.
Foudant	Lâchée	4	1	loc.
De Marsan	Lebille est de logement d	7	8	loc.
Desormes	Leçon de musique (La) d	2	1	loc.

AUTEURS	TITRES DES ŒUVRES	Hommes	Femmes	Prix nets
A. de Lorde	Lettre (La) d	1	3	loc.
A. Verse	Leur argent d	2	1	loc.
Jancey	Lili et Tonton d	1	1	loc.
Cazaneuve	Loi du pal (La) d	troupe	»	5 »
Darcy (M.)	Loterie (La)	2	2	loc.
Barbé	Loup et l'Agneau (Le) d	3	3	loc.
Verneuil	Loupiot (Le)	2	»	loc.
Dourel (L.) Herbel (E.)	Lucien est maboule !	3	1	loc.
Herpin	Lune de Miel (La) d	troupe	»	loc.
Moreau-Gramet	Ma Colonelle	2	2	loc.
Clairville fils	Madame la baronne d	1	1	4 »
Wachs	Madame le docteur	2	1	4 »
E. Monréal-H. Blondeau	Madame Méphisto d	troupe		loc.
Tarnemo-Celval-du Théou	Madame Tubéreuse d	10	9	loc»
Lebreton-St-Paul	Mademoiselle le Docteur	3	2	loc
V. Roger	Mademoiselle Louloute	2	2	5 »
C. Fiévet H. Piquet	Magicien (Le) d	3	2	10 »
Bessière-Marinier	Maire et Martyr d	3	2	loc.
F. Lémon-L. Schmoll	Maires	7	5	loc.
Talexy	Maître Grelot	4	1	7 »
Bouvet	Major Purjotin (Le)	4	3	loc.
Lebreton	Mam'zelle Baïonnette	3	3	loc.
Meyne-Jacoutot	Mam'zelle Claudinette d	3	2	loc.
War Nemo-Celval	Mam'zelle Culot	troupe	»	loc.
De Lajarte	Mam'zelle Pénélope d	3	1	7 »
De Champclos-Jacquin	Mamz'elle Phryné	3	1	loc.
Fransois	Mandat (Le) d	7	3	loc.
De Lorde-C. Roland	Ma Négresse d	1	2	loc.
L. Bouvet et Dottin	Mannequin (Le)	3	2	loc.
Jan Pierre et Morelo	Manœuvre électorale	3	»	loc.
de Marsan	Marchand de cochons et le Dépendeur d'andouilles (Le)	3	3	loc.
H. Moreau	Marchande de Choux-fleurs (La) d	7	6	loc.
Jouhaud	Mariages riches	1	1	3 »
Moniot	Marianne et Jeannot d	1	2	8 »
Tollet-Frot	Marié sans l'être	4	»	3 »
Moreau-Duroc	Maris jaloux (Les)	5	2	loc.
Simiot	Mariés de Nanterre (Les)	1	2	4 »
A. Monjardin-L. Ratcée	Marions-nous	4	4	loc.
H. Moreau G. Arnould	Marquis de Priolit. (Le) d	6	3	loc.
Beissier-Sciama	Mars et Vénus	3	2	loc.
Millou	Matinée du Prince (La)	4	5	loc.
A. Verse	Matuvu fait des béguins	5-5 ou 4-4		loc.
M. de Lagarde	Mèche (La)	3	2	loc.
Moreau-Boucherat	Médjidié (Le)	3	1	loc.
Gresset-Bernard	Méfiez-vous d'Oscar d	3	2	loc.
E. André	Melon (Le) (monologue saynète)	1	»	»
De Marsan	Ménage Blésimard (Le)	3	2	loc.
E.Lebreton H.Moreau	Ménage d'artistes	6	5	loc
Moreau-Darsay	Ménage Poire (Le)	2	2	loc
Desormes	Menu de Georgette (Le)	3	2	8 »
Gribinski	Mercredis de Jules (Les)	3	2	loc.
Harry Blount F. Lémon	Mère Lemec (La	4	2	loc.
Ch. Gabet	Mérite des femmes (Le) d	4	4	loc.
Soudant-Moreau	Mimi Vadrouille	troupe	»	loc.
P. Achard et P. de Pitray	Minuit et demi d	1	1	loc.
De Marsan	Miss Cocktail d	6	9 ou 6	loc.
Lebreton-Moreau	Miss Kissmy d	5	5	loc.
Beissier	Miss Million d	troupe	»	loc.
Mayrargue	Modern Styl	2	2	loc.
Bessier-Moreau	Môme aux Camélias (La) d	troupe	»	loc.
Bessière-Ruffier	Môme aux grands yeux (La) d	8	6	loc.
L. Rivaux	Mon Oncle et ma Tante	4	3	3
Chassaigne	Monsieur Auguste d	1	1	loc.
De Marsan	Monsieur Babolin	3	2	loc.
De Marsan	Monsieur de chez Maxim's (Le)	3	3	loc.
Paul Vallès	Monsieur Dutrognon	4	1	loc.
E. Bessière	Monsieur l'Inspecteur	2	4	loc.
Garnier-Vallès	Monsieur ma belle-mère	2	3	loc.
L. Rivaux	Monsieur Pâtemolle	2	2	loc.
Lebreton-Moreau	Monsieur Sans Gêne d	troupe	»	loc.
Marsèle (J)	Monsieur sourd (Le)	3	2	loc.
E. Fortin A. Doyen	Mort vivant (Le) d	2	1	loc.
Blairat-Neuzillet	Mouche (La) d	5	7	loc.
Moreau-Touzé	Mouche du Coche (La)	4	2	8 »
Pariot, Chanteclair-Cuvelard	Moulin d'Amour (Le) d	5	3	4 »
Jourda	Moyen de l'être (Le)	1	1	loc.
Joly	Myope et presbyte d	1	1	3 »
Desormes	Nègre de la Porte St-Denis (Le)	3	2	loc.
L. Dottin et G. Touzé	Nègre pour rire	3	2	loc.
Dorfeuil-Moreau	Nez de Cyrano (Le) d	troupe	»	3 »
E. Lhuillier	Nez enchanté (Le)	1	1	loc.
Lebreton-Blairat	Ninie la Rouquine d	5	3	loc.
Herpin	Noce à Grospoulot (La)	5	7	4
F. Barbier	Noce à Suzon (La)	1	1	loc.
L. Beissière-Noter	Noces de Lambiston (Les)	5	2	5 »
L. Collin	Noces d'or (Les)	2	1	loc.
Sachs-Damiens-Neuzillet	Nombrikatus 1er D	5	7	loc.
Moreau-Rivaux	Nommé Baluche (Le)	1	2	loc.
De Marsan	Non Lieu d	3	»	loc.
Bouvet-Darantière	Nos bons touristes d	5	1	loc.
Lebreton-Beissier	Nos Marsouins en Chine d	7	1	loc.
Moreau-Gramet	Nos petites Chattes	3	1	loc.
Dorfeuil-Guillemaud-Duharnois	Nos pioupious d	4	4	loc.
Lebreton-Moreau	Nos voisins d	6	6	loc.
V. Roger	Nourrice de Montfermeil (La)	2	3	6 »
G. Rose fils	Nous allons chez les Durand	1	1	loc.
Ch. Gabet	Nouvel Achille (Le) (vaud.) d	5	1	loc.
Couvé Prud'homme	Nuit de Noces de Beauflanchet	6	4	loc.
F. Bossuyt	Nuit de Noël	2	2	loc.
Jacobi	Nuit du 15 octobre (La) d	3	1	t »
H.Blondeau-H.Monréal	Olympia-Revue d	troupe		loc.
Rose père	Omelette au lard (L')	4	2	loc.
Dédé fils	Oncle et Neveu	3	»	3 »
Louis Bouvet	Oncle Maboulin (L')	4	4	loc.
Marc-Sonal-Gréhon	On demande des jolies ...mes d	6	11	loc.
St. Paul	On parle Anglais	5	6	loc.
Bessière-Ruffier	Ordonnance Bezuchet (L')	2	2	loc.
St-Paul-G. Rose, fils	Ordonnance malgré lui (véd.)	?	2	loc.
Saint-Paul	Oscar est détraqué... id.	4	3	loc.
Berthelot-Roland	Othello chez Tuala d	4	0	loc.
Laura Emmecé	Où est le père	8	14	loc.
... fils	Paille et la Poutre (La)	»	2	6 »
Boulay-Layrice	Palmé D	4	5	loc.
Tillemont	Pantalon de Casimir (Le) d	1	1	6 »
Robert Laurent-Julin	Par amour	3	2	loc.
A. Petit	Par autorité de Justice d	?	0	loc.
L. Rivaux	Parachute (Le)	3	2	loc
Jean Myrès	Par délicatesse d	1	2	loc.
Dorfeuil-Moreau	Paris aux Courses d	troupe	»	loc.
Febvre-Gréhon	Paris sans tailleurs	7	7	loc.
F. Barbier	Par la fenêtre	1	1	4 »
Lambert-Lebreton	Par la Gymnastique d	2	2	loc.
De Marsan	Par Téléphone	3	3	loc.
De Marsan	Partie Carrée	4	3	loc.
Henry Moreau	Partie de Campagne d	troupe	»	loc.
B. Lebreton	Parties fines	4	4	loc.
Ed. Lhuillier	Pasquinette	1	1	3 »
Ch. Esquier	Passes magnétiques	3	2	loc.
Bénédite-Jancourt	Pays Vierge (le) d	8	4	loc.
De Marsan	Peau Neuve d	3	3	loc.
H. Moreau-E. Brasseur	Peau-rouge de la Bastille (Le)	4	4	loc.
D. Fabrice	Pêche au mari (La)	2	3	loc.
B.Adin-Th Cahen	Peint malgré lui	4	2	loc.
Rose, fils	Peintre de talent	2	3	loc.
Moreau-Darsay	Pension Carabin (La)	5	4	loc.
L. Bouvet	Pensionnat St-Amour (Le)	4	4	loc.
Albert Lambert	Père Suroit (Le) d	3	1	loc.
Offenbach-Roques	Péri-Colle (Parodie de Périchole)	2	1	2 50
Lebreton-St-Paul	Péril jaune (Le)	2	2	loc.
E. Warmoes	Permission de Binjot (La)	3	2	loc.
H. Moreau-Soudant	Permission de la nuit	6	4	loc.
Perrault-Maty	Perruche de ma femme (La) d	4	3	loc.
Tréblat-St-Cyr	Personne	2	1	loc.
Landay	Pet!! Pet!!!	3	3	loc.
Bouvet-Schmoll	Petit Assommoir (Le) d	8	6	loc.
B. Lebreton	Petit factionnaire (Le)	4	3	loc.
L. Collin	Petit Spahi (Le)	3	3	5 »
Lebreton-Moreau	Petite baronne (La) d	6	9	loc.
Linas	P'tite bête vit encore (La) d	1	1	4 »
L. Rivaux-F. Rodel	Petite boulangère (La) d	troupe	»	loc.
Moreau-St Cyr	Petite Carmen (La) d	9	10	loc.
Lebreton-Moreau	Petite colonelle (La) d	7	3	loc.
Gribinski	Petite Etoile	3	2	loc.
L. Bouvet-St-Paul	Petite Fifi (La)	3	3	loc.
L. Bouvet-F. Muffat	Petites Actrices (Les)	4	4	loc.
Darantière, Bouvet-Godferneaux	Petits Baisers (Les) d	3	2	loc.
Lebreton-Moreau	Petites Menichons (Les) d	troupe	»	loc.
A. Petit	Petits lapins (Les) d	4	9	loc
Maurey et Jimbu	Petits Trottins (Les) d	5	6	loc.
Lebreton-Moreau	Petits Zouzous (Les)	troupe	»	loc.
F. Clérice	Phrynette d	5	9	5 »
Celval-Tarnemo-Gibard	Pichard d	3	2	loc.
André	Picotin (La)	1	»	2 »
Lebreton-Beissier	Piston de Clémentine (Le)	3	2	loc.
Schmoll	Pitou	3	2	loc.
E.Herbel-L.Dourel-Roydel	Plaquée	3	3	loc.
H. Alavoine	Plumechat et Cie d	4	6	loc.
H. Barbé	Plus que 1089 jours	3	»	loc.
F. Barbier	Points jaunes (Les)	1	1	5 »
Desfossez-Piccolini	Pommes d'amour (Les)	6	»	loc.
Cinod-Verdellet	Pompier d'Endoume (Le) d	troupe	»	loc.
Gresset-Bernard-Letorey	Pompier d'Ernestine (Le) d	2	2	loc.
Lutigeon-Dourel	Poste restante 222 d	4	1	loc.
Duhem C. Martin	Potache en goguette (Le)	4	2	loc.
F. Barbier	Poupée automate (La)	1	1	5 »
St-Paul-G. Rose fils	Pour avoir la fille	4	3	loc.
C. Roland	Pour le guérir d	1	2	loc.
Vabrey	Pour Mademoiselle d	2	3	loc.
A. Verse-Paul-St-Philippe	Pour pincer Éliane	3	2	loc.
Fay	Pour qui le gosse ?	2	3	loc.
Lebreton-St-Paul	Pour qui votait-on ?	4	2	loc.
A. Lambert	Première brouille (La) comédie	»	1	loc.
St-Paul-P. Avril	Première scène	2	3	loc.
Couturet	Premières amours d	4	1	loc.
F. Barbier	Premières armes de Parny (Les)	1	3	loc.
L. Bouvet-G. Arrivat	Prends mon Oncle	2	»	loc.
Rose fils-H. Ryvex	Prestige de l'uniforme (Le)	4	?	loc.
P. Pottier-R. Dubreuil-Moreau	Prise de la Bastille (La)	4	1	loc.
Moreau	Professeur de chant (Le)	3	»	loc.
De Marsan	Pucelle de Mézidon (La)	3	1	loc.
De Ste-Croix	Pygmalion d	1	2	4
Lebreton	Quatre hommes et un Caporal	5	3	loc.

AUTEURS	TITRES DES ŒUVRES	Hommes	Femm.	Prix nets
G. Rose fils-Ryvez	Que Madame n'en sache rien	2	2	loc.
Garnier-Héros	Queue du Diable (La) d	troupe	»	loc.
Delilia-Héros	Qui va à la Chasse	1	1	loc.
L. Collin	Qui se dispute s'adore	1	1	3 »
St-Paul-G. Rose fils	Qui veut la fin	2	2	loc.
L. Bouvet-F. Mufflat	Rabiot (Le)	3	2	loc.
Léon Jancey	Ra! Fla!!	2	1	loc.
Ch. Lecocq	Rajah de Mysore d	troupe	»	3 »
Villebichot	Réponse du Berger (La)	1	1	4 »
Millou	Repos du dimanche (Le) d	2	1	loc.
Jacoutot	Retour de Kerdrec (Le)	2	1	4 »
Meugé	Retour de Margotte (Le)	1	1	4 »
L. Collin	Retour de Musette (Le)	1	1	4 »
Autigeon-Dourel	Revanche de Verluisant (La) d	5	2	loc.
De Marsan	Revenant de la rue de la Pompe (Le)	5	5	loc.
Autigeon-Dourel-Roydel	Revenants (Les) d	3	3	loc.
André-Mouézy-Eon	Rêve d'Anaïk (Le) d	2	3	loc.
Marsèle-A. de Lorde	Rêves d'un soir d	1	1	loc.
Lebreton	Revue à l'envers (La)	4	4	loc.
St-Paul	Revue interdite (2e édition)	4	4	loc.
Guillemaud	Rien des Agences d	5	2	loc.
Lhuillier	Risette	»	1	4 »
Ch. Thony	Robes et Manteaux d	5	9	loc.
T. Chandoir	Roi Claquette (Le) d	3	3	6 »
Yvel et Briollet	Roi Koku (Le)	troupe	»	loc.
Desormes	Roland furieux	3	1	5 »
.. Desormes	Romance impossible (La)	2	»	2 »
Busnach	Rosière de Valentino (La) d	2	3	loc.
Michiels	Rosière d'Interlaken (La)	1	4	»
Ch. Gabet	Ruy Black (v) d	7	6	loc.
Jancey	Sabre et plumeau	1	1	loc.
G. Rose fils-F. Bouveret	Sacré Cake-Walk	3	2	loc.
L. Rivaux	Sacré Jour de l'an	6	3	loc.
L. Bouvet-G. Arribat	Sacré Jules	2	2	loc.
D. Fabrice-A. Darmont	Sacré Trouillet	6	2	loc.
Briollet-Tinant	Sacré Vermillon	3	3	loc.
B. Lebreton-J. Lebreton	Sacrée Nounou	3	3	loc.
H. Moreau-Arnould	Saint-Antoine malgré lui	5	5	loc.
Claments	Saint-Yvon (La) d	2	»	5 »
B. Lebreton-J. Lebreton	Salade de Gendarmes	4	2	loc.
L. Dottin	Sauvage malgré lui	3	1	loc.
Ch. Lecocq	Sauvons la caisse d	1	2	6 »
Matrat-Febvre-Bonnamy	Septième Escouade (La) d	8	7	loc.
Darantière-Bouvet	Sergent Sans-Souci (Le) d	6	6	loc.
R. Planquette	Serment de Mme Grégoire (Le)	1	1	8 »
Lebreton-Soudant	Serment du marin (Le)	4	2	loc.
Lebreton-Moreau	Signe de Léda (Le) d	8	8	loc.
Ouvier	Simone et Boquillon	2	1	5 »
Lebreton-St Paul	Singeries de l'Amour (Les)	5	5	loc.
Marc Sonal-H. Moreau	Six filles d'Abélard (Les) d	7	7	loc.
B. Lebreton-H. Darsay	Sœur du Cabotin (La)	4	2	loc.
Lebreton-Duroc	Soir de Noce d	4	4	5 »
R. Buffières-Malfait	Soirée bourgeoise	2	2	loc.
Leuerre	Soirée d'amateurs ... pochade	5	»	loc.
Lebreton-Moreau	Soldat I	5	5	loc.
L. Gilbert	Son Amant	2	1	loc.
L. Roland J. Marsèle	Son petit truc d	4	2	loc.
Bernard-Gresset	Souffleur par amour d	3	1	loc.
Mevan	Soupirs du cœur	3	2	5 »
Briollet-Tinant	Source merveilleuse (La)	4	2	loc.
Damaré-P. Laurey	Sous-Préfet de Pézenas (Le)	4	2	loc.
Ch. Malo	Souviens-toi de Clémentine	2	1	4 »
Moreau-Darsay	Spiritisme des Familles	4	4	loc.
Tac-Coen	Suzette, Suzanne et Suzon	1	3	loc
L. Roland et P. Berthelot	Symphonie en Jaune mineur d	1	1	loc.
A. Mesnil	T'amuses-tu Pingot	6	»	loc.
Levavasseur	Tante d'Amérique (La)	3	3	loc.
C. Roland	Ta pomme, Pâris	3	10	loc.
Wachs	Tata chez Toto	2	1	4 »
G. Hervé-D. Fabrice	Témoin	4	3	loc.
empereur et Primard	Témoin (Le)	3	1	loc.
Lambert-Lebreton	Terre-Neuve d	3	5	loc.
Saint-Paul et Rose fils	Terrible affaire	3	2	loc.
Briollet-Gerny	Testament Cracfort (Le)	8	6	loc.
Marc Sonal	Théophile	2	1	loc.
B. Lebreton-E. Blatrat	Tisane des Boërs (La)	4	2	loc.
Chassaigne	Toc	2	2	loc.
Hervé	Toinette et son carabinier	2	1	5 »
A. Mouézy-Eon	Ton coq et ma poule d	3	1	loc.
Jessier-de Gorsse	Tonton d	3	3	6 »
Blanchard de la Bretesche	Torero de Lolotte (Le)	5	5	loc.
M. Guillemand	Toto la Rincette	5	5	loc.
Wachs	Totor et Titine	1	1	loc.
Hubans	Tour de Moulinet (Le) d	2	1	8 »
Bouvet-Fehvre	Tournée Cabotin (La)	3	3	loc.
Cartier	Train des Maris (Le)	2	2	4 »
Moreau-Duroc	Tranquil' hôtel	5	4	4 »
Moreau-Darsay	Trente mille francs par an	2	2	loc.
Lebreton-Moreau	Treize jours d'un Parisien (Les) d	troupe	»	loc.
Lebreton-Moreau	Treizième spahis (Le) d	troupe	»	loc.
Ch. Gabet	Trésor des Dames d	2	1	loc.
B. Lebreton-St-Paul	Tringlots (Les)	4	3	loc.
Lebreton-Moreau	Trio de troupiers d	7	5	loc.
L. Gilbert	Triple alliance (La)	5	2	loc.
B. Lebreton-J. Lebreton	Trois Cousins (Les) d	5	3	loc.
B. Lebreton-J. Tranchant	Trois Divorces (Les)	5	3	loc.
Lebreton Téramond	Trois Gosses (Les)	4	4	loc.
Bouvet	Trois hercules pour une femme	3	2	loc.
Be	Troisième du trois (La)	6	6	loc.
Lebreton-Moreau	Trois Maçons (Les) d	4	2	loc
L. Bouvet et G. Arribat	Troublante énigme	3	3	loc
Rose fils & Ryvez	Trouvés un père	4	5	loc
Guillemand-de Marsan	Truc de Binochet (Le)	3	2	loc
Lambert-Lebreton	Truc du Pharmacien (Le)	3	2	loc
L. David	Tu l'as voulu	3	1	loc
Héros-Jost	Tzigane dans les Ménages (La) d	troupe	1	5 »
Javelot	Un amour d'épicier	2	1	loc
Bessière	Un attentat au bois	4	2	loc
P. Lefaure	Un beau-père criminel	3	2	loc
Cardet-Lannoy	Un bon ami	3	1	loc
D. Fay	Un bon tuyau	2	9	loc
H. Barbé-G. Touzé	Un cas d'amnésie	3	2	loc
P. Henrion	Un charcutier dans les fers	4	1	4 »
De Marsan	Un client pas sérieux	4	1	loc
Chassaigne	Un Coq en jupons	1	2	loc
Banès	Un do malade	4	1	loc
Wachs	Un domestique pour rire	3	1	loc
Moreau-Gramet	Un dragon pour deux	2	2	loc
L. Roy	Un épicier peu commode	4	1	loc
G. Laurens	Un futur sur le gril	2	2	4 »
Ch. Malo	Un gendre à poigne	3	2	5 »
H. Levavasseur	Un grand criminel	4	2	loc
Pericaud	Un heroule qui ne veut pas se rouiller	2	1	loc
F. Bouveret	Un héritage de 100 millions	5	4	loc
Camille Clermont	Un honnête homme d	3	2	loc
St Paul	Un jour d'audace	4	1	loc
Cambillard	Un mariage à la force du poignet	4	1	loc
Ch. Malo	Un mariage au flageolet	1	3	loc
Dauphin	Un mariage en Chine d	3	3	loc
F. Bernicat	Un mari à l'essai	2	1	4 »
Pericaud	Un mari en grande vitesse	3	2	4 »
Moreau-R. Parault	Un mari somnambule	2	2	loc
L. Collin	Un mauvais conscrit	2	1	loc
D. Fabrice	Un miracle	2	2	loc
Blanchard de la Bretesche	Un mois de clou d	3	2	loc
P. Vallès-E Garnier	Un Monsieur qui frotte	4	1	loc
B. Lebreton-St-Paul	Un Oncle pour deux	2	2	loc
Chassaigne	Un 1er jour de ménage	1	1	loc
Mayrargue	Un Sauvetage	2	3	loc
F. Barbier	Un souper chez Mlle Contat	»	5	loc
Bernicat	Une aventure de la Clairon	2	6	loc
D. Fabrice-Neuzillet	Une chasse à Fontainebleau	4	4	loc
Lebreton-Blairat	Une Consultation d	4	3	loc
Garnier-Vallès	Une Corbeille de Noce	5	2	loc
E. André	Une drôle de Marquise	1	3	
Claments	Une étoile d'antichambre d	2	1	
Jouhaud	Une femme du quart de monde	2	1	loc
Marc Sonal-Victor Gréhon	Une femme pour six sous	3	3	loc
Villebichot	Une femme qui bégaie d	3	1	
L. Roques	Une femme tombée du Ciel	4	2	
Villebichot	Une fille à trucs	2	1	
Liouville	Une fille en loterie	2	4	
Touzé-Monjardin	Une intrigue chez les Mouchamiel	2	1	loc
Desormes	Une lune de miel normande	1	1	
L. Collin	Une mariée sans mari	1	1	
Ed. Lhuillier	Une marine à la vapeur	4	1	3 »
Desormes	Une mauvaise connaissance	3	2	5 »
Moreau-Darsay	Une mauvaise nuit	2	2	loc
Moreau-Dorfeuil	Une nuit de Paris d	troupe	»	loc
Bouvet-G. H.	Une nuit chez les Grafeuillot d	4	3	loc
Duhem	Une partie à Robinson	2	2	loc
L. Martin	Une partie de pêche	5	4	loc
B. Lebreton-Saint-Paul	Une petite femme en or	3	3	loc
Wachs	Une pleine eau à Chatou	2	4	loc
Bernicat	Une poule mouillée	2	1	loc
Lebreton-St-Paul	Une Rosserie	3	2	loc
De Paniagua	Une sale Histoire d	2	2	loc
Chassaigne	Une table de café	4	1	loc
Robillard	Une tempête conjugale	2	2	loc
Liger-Aubrun	Urticaire (L')	4	1	loc
Habrekorn-Latourette	Vache à Palu (La) d	1	2	loc
Jean Meudrot	Valentine a du talent d	1	2	loc
R. Planquette	Valet de cœur (Le)	1	1	loc
St-Paul	Vase de Soissons (Le)	3	2	loc
J. Walter	Végétariens (Les) d	7	2	loc
Robillard	Vengeance de Ramolli (La)	2	2	loc
L. Roques	Vénus infidèle (acteur de mars) d	4	2	loc
Autigeon	Vie de garçon (La) d	1	16	loc
L. Jancey	Viens mon Touton	1	3	loc
Lebreton-Moreau	Vierges du chahut (Les) d	1	10	loc
Bouvet-Arribat	Vieux, le Melon et le Rat (Le)	4	3	loc
Harry Blount-Fab. Lémon	Vieux Marcheur de la Scala (La)	[illegible]	[illegible]	loc
Moreau	Villa des Gaffes (La) d	6	6	loc
Lebreton-St-Paul	Vingt-cinq minutes d'arrêt	4	2	loc
Burani-Planquette	Vingt-huit jours de Champignolette d	8	[illegible]	loc
Vallès-Talber	Vingt-huit jours de Gorenflot (Les) d	7	3	loc
Ratée-Bordeaux	Vive la Classe d	6	1	loc
Normand-Vallès	Vive les Bleus	7	3	loc
De Marsan	V'nez donc nous voir	4	3	loc
Lebreton-Moreau	Vocation d'Isoline (La)	[illegible]	[illegible]	loc
Jacobi	Voilà l'plaisir, mesdames	3	2	loc
Ch. Hubans	Voiture à vendre d	2	2	loc
Lebreton-Moreau	Volontaire de 92 (Le) d	7	2	loc
Tac-Coen	Volontaire et vivandière	[illegible]	[illegible]	loc
P. Talber-Delattre	Volupté des dames (La)	7	[illegible]	loc
L. Valbert-A. Verse	Y a du coton	7	[illegible]	loc
Guy-Nory-Marius	Zidore d	[illegible]	[illegible]	loc